民國歷史與文化研究

三 編

第 2 冊

抗戰前國民政府兵工署的組織與人事
（1928-1937）

葉 國 維 著

花木蘭文化出版社

國家圖書館出版品預行編目資料

抗戰前國民政府兵工署的組織與人事（1928-1937）／葉國維
著 — 初版 — 新北市：花木蘭文化出版社，2016〔民105〕

目 4+174 面；19×26 公分

（民國歷史與文化研究 三編；第2冊）

ISBN 978-986-404-546-4（精裝）

1. 國民政府 2. 政府組織 3. 兵工廠

628.08　　　　　　　　　　　　　　　　　105002071

ISBN-978-986-404-546-4

9 789864 045464

民國歷史與文化研究
三 編 第 二 冊　　　　　　　ISBN：978-986-404-546-4

抗戰前國民政府兵工署的組織與人事（1928-1937）

作　　者　葉國維
總 編 輯　杜潔祥
副總編輯　楊嘉樂
編　　輯　許郁翎
出　　版　花木蘭文化出版社
社　　長　高小娟
聯絡地址　235 新北市中和區中安街七二號十三樓
　　　　　電話：02-2923-1455／傳真：02-2923-1452
網　　址　http://www.huamulan.tw 信箱 hml 810518@gmail.com
印　　刷　普羅文化出版廣告事業
初　　版　2016 年 3 月
全書字數　139791 字
定　　價　三編 6 冊（精裝）台幣 11,000 元

抗戰前國民政府兵工署的組織與人事
（1928-1937）

葉國維　著

作者簡介

姓名：葉國維
學歷：中央大學歷史研究所碩士
研究領域：民國近代史、軍事史
現職：國小教師兼總務主任

提　　要

　　我國近代兵工業發軔自晚清，最初乃由地方督府自行創建軍火生產廠局，清廷並未進行積極有效的統籌管理，以致各行其是，缺乏整體規畫。民國建立後，北洋政府成立軍械司及督辦工廠事務處，企圖透過中央政府管轄方式整合全國兵工事務，但因直轄兵工廠數過少、組織層級定位不佳、經濟困難、全國動盪等因素而終告失敗。國民政府結合北洋政府與自身經驗，在1928年11月成立兵工署，作為兵工生產中央行政主管單位。經過持續改組，組織與職能皆發生相當大的變化，也更符合國府整軍備戰的需求。

　　兵工署管轄之主要單位，有各兵工廠、軍械庫、兵工研究委員會與兵工學校。兵工署隨著時局推演，逐步加強對各廠的管轄；1935年併入軍械司後，亦開始管轄其軍械庫。兵工研究委員會與兵工學校則是羅致培育專業人才的單位，對兵工署的人才選派與專業形象，具備重要的功能。

　　兵工署相當重視技術人員，因此形成特殊的人事管理做法；歷任署長對兵工署的領導管理，扮演角色不盡相同，並影響任內的人事管理。至於廠長、警衛隊與軍械庫員、外籍顧問以及工人，亦可從人事管理角度切入，探討當時兵工生產的各種現象。

　　本文以1928～1937年為時間範圍，從組織與人事層面探討兵工署，透過不同時期的演變，以了解國府整體國防觀念的形成過程。

　　本文承蒙李力庸教授、齊茂吉教授、許毓良教授、王文隆教授悉心斧正，謹致謝忱。

誌　謝

　　我自幼喜愛閱讀，常在書店與圖書館流連忘返，從中培養出對歷史的濃厚興趣。當我知道住家附近的中央大學設有歷史研究所後，便積極準備，幸運考上在職專班，展開歷史求學之路。

　　就讀專班後，從各位師長的身教言教中，感受到歷史學者應有的治學態度與處世風範，獲益匪淺！其中要特別感謝李力庸教授，我的論文方向一直不太確定，涵蓋範圍又大，但在老師耐心指導下，使我能持續調整主題、章節與內容，抱持信心，持之以恆的完成本文。並感謝齊茂吉教授、許毓良教授擔任口試委員，因兩位老師的指導與建議，使本論文的內容更為充實。

　　就讀研究所已第七年，實為匪夷所思的歷程！期間身邊發生許多變化，論文進度緩慢，宛如延宕多年的工程，對此既慚愧又感恩！慚愧的是這般延誤，勢必影響周遭親友的生活，更讓他們擔心；感恩的是這七年中，幸能得到家人與良師益友的鼎力襄助，使我在工作和生活上，能無後顧之憂的持續累積成果，一步步邁向終點。在此特別感謝無條件支持我的母親、大哥、大嫂和妹妹；查資料與爬文過程中常需請假，感謝長官與同事的包容協助；感謝好友張家源協助解決文書編排問題，楊春梅謄寫英文摘要；並感謝同學張聖坤、林志興與魏占峯大哥給予寶貴意見，鼓勵我不要放棄。長期前往新店國史館查閱資料，館方人員親切解說，使我不以為煩苦，在此也一併謝過。

　　老師曾鼓勵我，論文是孩子長大會讀到的東西，一定要好好寫。夜深人靜時，常感到完稿遙遙無期，不禁心生徬徨；但看到孩子志宇熟睡的香甜表情，我告訴自己不能灰心，要有始有終，功德圓滿。今後也要秉持從事歷史研究的態度，認真迎向新的人生，才不至辜負師長親友的鼓勵與協助。

目次

圖 次

表 次

第一章　緒　論

一、研究動機

　　根據兵工署後繼單位——聯合勤務總司令部（以下簡稱聯勤總部）生產署的說法，我國所用「兵工」二字，係從英文 Ordnance 一字而來。Ordnance 由來甚古，包括軍中所用的一切技術及工程而言。1855 年，英國兵工署把兵器以外的工作，劃歸新形成的其他軍事工程單位，各國繼之，於是確立了世界一致的兵工，為職掌武器的機構。〔註1〕

　　民國 17 年（1928）北伐結束後，國民政府（以下簡稱「國府」）名義上統一全國，11 月於軍政部下成立兵工署，負責全國兵工生產事宜，為日後聯勤總部生產署的前身。〔註2〕在此之前，北洋政府主要由陸軍部軍械司負責相關業務，國府則以新成立的兵工署取代，在當時可謂創舉，也代表國府對於全國兵工生產將有不同於以往的規畫與做法。

　　民國 17～26 年（1928～1937），正好和訓政時期「黃金十年」有所重疊。〔註3〕但此時國家政軍情勢並不安定：內憂有各地軍政勢力割據，以及中共武

〔註 1〕 酈堃厚，〈從國父的國防計畫綱目中研究兵工建設〉，聯勤總部生產署四週年紀念刊編委會編，《聯勤總部生產署四週年紀念刊》（臺北：聯勤總部，1959年），頁 58。

〔註 2〕 〈聯勤大事紀要〉，胡孝勇總編，《聯勤創制五十五週年專輯》（臺北：聯勤總部，2001 年），頁 24。

〔註 3〕 所謂黃金十年（Golden Decade），是指自 1928 年北伐完成後，到 1937 年全面抗戰爆發前，這段時期國府從事政治、經濟、社會、文化等方面的建設，部分建設且獲有顯著成效，奠定了八年抗戰的基石。請見張玉法，《中國現代史》（臺北：東華書局，2001 年），頁 382～481。

裝叛亂；外患主要來自日本的侵略野心。在安內攘外的需求下，國府必須投
入大量兵力，持續進行多場軍事行動，包括中原大戰、剿共、一二八事變等
戰役；而自民國 20 年（1931）九一八事變發生以來，與日本之間的全面軍事
衝突勢難避免，不論是短期作戰需求，或爲將來可能的全面衝突做準備，都
需要以質量充足的軍械彈藥作爲後盾，負責規劃與執行軍火生產的兵工署，
扮演著重要的角色。

　　兵工署最初成立時，署內設置監察、檢驗、設計、總務四科，下轄各兵
工廠、兵工研究委員會（以下簡稱兵工委員會）、各硝磺局、製藥廠、兵工學
校、兵工材料局廠、兵工材料購辦委員會等組織。〔註4〕民國 22 年（1933）
10 月兵工署進行改組，獨立設置署本部，行政單位改爲資源、行政、技術三
司，司以下共分層設置 13 個科、3 個處、1 個課、22 個股、9 個組，有利於
行政效能的提升。〔註5〕民國 24 年（1935）7 月爲因應國府組織調整，兵工署
再次改組，設置本部及製造、技術、軍械三司，除技術司更動較少外，行政
司改爲製造司，資源司併入資源委員會，軍械司則併自原陸軍署。〔註6〕至此
兵工署完成抗戰爆發前的最終體制。

　　關於兵工署的研究，過去多直接探討其組成後之演變，對於其建立緣由
則較少著墨。爲何國府須新設組織以管理全國兵工事務，而不沿用北洋時期
以軍械司行之的做法？其考量點與演變經過爲何，頗值得探討。

　　兵工署的重要任務之一，爲將各兵工廠逐步收歸中央直轄，如何透過各
種方式，到抗戰爆發前持續擴充廠數，實考驗主事者的智慧與決心。相較於
北洋時期軍械司所轄廠數，從民國 2 年（1913）的 6 廠，到民國 14 年（1925）
只剩下 4 廠，兵工署卻能逆勢成長，至民國 26 年（1937）擴張爲 9 廠。何以

〔註4〕　〈制定國府行政院軍政部條例明令公布並通飭施行〉，〈國防部組織法令案
　　　　（一）〉，《國民政府檔案》（以下簡稱「國府檔案」），國史館藏，典藏號：001
　　　　－012071－0314，入藏登錄號：001000001167A，1928 年 11 月 21 日，00101207
　　　　1314018a－001012071314023a。
〔註5〕　〈據軍政部呈擬兵工署新組織草案暨兵工官佐待遇表並規定試行期間一案轉
　　　　呈備案由〉，〈國防部組織法令案（二）〉，《國府檔案》，國史館藏，典藏號：
　　　　00201－0171－0315，入藏登錄號：001000001168A，1933 年 9 月 29 日～10
　　　　月 9 日，001012071315099a－001012071315107a。
〔註6〕　〈據軍政部呈送該部組織法草案暫准施行限制辦法案轉呈鑒核由〉，〈國防部
　　　　組織法令案（四）〉，《國府檔案》，國史館藏，典藏號：001－012071－0317，
　　　　入藏登錄號：001000001170A，1935 年 7 月 2 日，0010120711317107a－0010120
　　　　71317110a，1012071317116a－001012071317118a。

兩者呈現如此消長？軍械司與兵工署對兵工廠的管轄方式與性質，又有何不同？而國府在整頓兵工廠時，受到那些因素的限制？這些都有待進一步探討。

　　兵工署轄下與軍火生產直接相關的主要單位，有前述的兵工廠，存儲軍火的軍械庫，集合專門人才的兵工委員會，以及培育技術人員的兵工學校。除了兵工委員會是北伐結束後新成立的單位外，北洋時期由漢陽兵工廠兼辦兵工學校；〔註7〕但軍械庫則缺乏明確規定。國府建立兵工署後，將兵工學校納入其直轄；〔註8〕而自民國 24 年（1935）國府改組後，原陸軍署軍械司與兵工署合併，連帶使其轄下的軍械庫也納入兵工署管轄。在此整併過程中，兵工署對於這些單位的管轄情形演變經過如何？納入上述單位後，兵工署的職能發生何種轉化？這方面頗有進一步研究的必要。

　　當時史料與相關報告曾提及，國府相當強調重視兵工技術人員的專業性。〔註9〕此點具體呈現在兵工委員會的成立上。兵工委員會直屬兵工署，由兵工委員組成；以往研究多只針對兵工委員會的創立本身，以及兵工署有那些主要成員具備兵工委員身分等。〔註10〕但這樣仍不足以分析兵工委員會的特殊性與真正功能。以北洋時期而論，各兵工廠即相當重視以專業人士負責廠內工作，而國府接管上海兵工廠後，也倡導人才主義，以專業人員出任管理職；〔註11〕但從成立兵工委員會的做法，可見兵工署並不以此為滿足。兵工委員會的成立目的與實質功能，兵工委員的來源背景與組成，以及不同時期對於兵工委員會的態度，也是本文欲探討的主題。

　　兵工署自民國 17 年（1928）建立以來，於民國 21 年（1932）和民國 24 年（1935）曾分別進行過改組，就時間點來看，第一次改組距離成立有 4 年多的時間，此後不到 2 年時間即進行第二次改組，整體步調是先慢後快。回

〔註7〕　程路，〈兵工學校〉，聯勤總部生產署四週年紀念刊編委會編，《聯勤總部生產署四週年紀念刊》（臺北：聯勤總部，1959 年），頁 284。

〔註8〕　程路，〈兵工學校〉，聯勤總部生產署四週年紀念刊編委會編，《聯勤總部生產署四週年紀念刊》，頁 284～285。

〔註9〕　〈兵工署技術人員劃分標準辦法〉，〈軍事機關官員任用法令案〉，《國府檔案》，國史館藏，典藏號：001－012043－0008，入藏登錄號：001000000606A，1934 年 5 月 4 日，001012043008053a－001012043008062a。

〔註10〕 王安中，〈國民政府軍事工業研究〉，上海：上海大學中國近現代史博士論文，2009 年 4 月，頁 68。

〔註11〕 陳修和，〈有關上海兵工廠的回憶〉，中國兵工學會兵工史編輯部編，《兵工史料》，輯 2（北京：兵器工業部兵工史編輯部，1984 年），頁 150～151。

顧兵工署自成立以來，便以改革爲主要訴求，〔註12〕爲何遲至民國22年（1933）才做第一次改組？隨後又在極短的時間內，進行第二次改組？其步調的調配，有待進一步討論。

對於兵工署的領導者研究，過去多集中在俞大維（1897～1993）身上，但俞大維是自民國 22 年（1933）就任署長，在其之前分別有張羣（1889～1990）、陳儀（1883～1950）、洪中（1882～1961）三人擔任過署長，涵蓋時期超過兵工署抗戰前時間的一半，卻很少受到討論。這 4 位署長各自在任內扮演何種角色，頗值得研究探討。

在整合各廠與改組的過程中，兵工廠長與兵工署各部門負責人的就職情形，以及其他相關人員如軍械庫人員與外籍顧問的任用管理，都構成兵工整體人事的一部分，且具有相當的重要性。以廠長論，兵工署成立初期所轄廠數不多，廠長亦有非兵工署派任者；到民國 26 年（1937）所轄廠數增加，而此時廠長皆已由兵工署派任。不同時期廠長的學經歷背景，是否呈現不同的傾向及趨勢，進而對兵工生產與各廠管理造成影響？再以外籍顧問論之，抗戰前兵工署及各廠因爲各種需求聘用外籍技術顧問，這些顧問的學經歷背景如何？相較於北伐前各廠生產常被外籍顧問把持，〔註13〕外籍顧問在兵工署及各廠扮演何種角色？這些都是本研究欲探討的問題。

兵工廠以生產軍械彈藥爲主要業務，雇用的工人因人數眾多，且位於生產第一線，在民初工潮蜂起的背景下，對工人的管理，遂成爲兵工人事業務的重點之一。當時兵工廠工人的來源、性質、管理情形、待遇福利，以及工潮發生背景與因應措施等，過去多只有時人回憶與官方報告，〔註14〕學術研究方面則仍相當缺乏，有繼續補足充實的必要。

與北洋時期軍械司相較，兵工署的位階較高，組織、職能均較完整且具全面性，爲國府整體國防觀念的具體象徵。而國府自北伐以來的整體戰略，是採取先安內後攘外的大方針，自九一八事變以後，才正視日本的軍

〔註12〕〈全國兵工之改革計畫〉，《盛京時報》，1929 年 4 月 29 日，版 1。

〔註13〕陳修和，〈有關上海兵工廠的回憶〉，中國兵工學會兵工史編輯部編，《兵工史料》，輯 2，頁 164～165。

〔註14〕時人回憶可見諸全國人民政治協商會議鞏縣委員會文史資料研究委員會編，《鞏縣文史資料》，輯 2（鄭州：同編者，1988 年）；官方報告如〈漢陽兵工廠整理計畫摘要報告〉，〈兵工生產（一）〉，《國府檔案》，國史館藏，典藏號：001－073100－0001，入藏登錄號：001000005730A，1934 年 6 月 8 日，0010731 00001022a。

事威脅。〔註 15〕兵工署在國府規劃軍事建設的過程中，擔負的角色如何演變？如何透過組織及人事的調整，使兵工署成為國府整體國防規畫中重要的一環？

二、研究回顧

關於抗戰前軍火生產的相關研究，多年來已經累積相當成果，茲就兵工署、轄下機構與人事三大部分進行回顧。

（一）關於兵工署的研究

過去有關兵工署的研究，專書有王國強《中國兵工製造業發展史》，其中〈北伐統一後之兵工建設〉與〈抗戰前之兵工建設〉是與抗戰前十年較有關聯的部分，包括兵工署的建立與改組。〔註 16〕全書大量使用國防部及聯勤總部所藏檔案，並附有許多統計數據、表格與地圖，再加上作者本身即為兵器生產從業人員，又親自訪問俞大維等當年主要人士，研究頗具參考價值。

論文方面，杜殿英〈機械工業〉指出，國府設立兵工署，統一全國軍火生產管轄，倡用成本會計制度，力求製造之經濟，訂立成品規格標準，逐漸將過去的管理方法與製造觀念予以改變；凡此皆為大量生產所必須具備的條件，但並未及於八年抗戰爆發前全面實行。〔註 17〕王安中〈國民政府軍事工業研究〉，主要運用史料彙編，論述兵工署發展歷程。〔註 18〕李清江〈抗戰時期國民政府兵工企業內遷歷史考察〉，以專書為主要資料來源，曾提到抗戰前國府建立兵工署，以對全國兵工單位實施直接領導的經過。〔註 19〕

綜合來說，上述研究已累積相當成果，但目前關於兵工署成立的背景、動機與深層意義，改組經過以及組織架構演進，仍缺乏深入探討，諸多問題仍有待進一步研究。

〔註 15〕劉維開，《國難期間應變圖存問題之研究——從九一八到七七》（臺北：國史館，1995 年），頁 180～183。

〔註 16〕王國強，《中國兵工製造業發展史》（臺北：黎明文化事業股份有限公司，1987年），頁 85～89。

〔註 17〕杜殿英，〈機械工業〉，張茲闓編，《中國工業》（臺北：中華文化出版事業委員會，1954 年），頁 80～83。

〔註 18〕王安中，〈國民政府軍事工業研究〉，上海：上海大學中國近現代史博士論文，2009 年 4 月。

〔註 19〕李清江，〈抗戰時期國民政府兵工企業內遷歷史考察〉，長沙：中國人民解放軍國防科學技術大學中國近現代史碩士論文，2009 年。

（二）兵工署轄下機構的研究

　　兵工署轄下機構的相關研究，目前主要偏重於兵工廠及科學研究機構，如王國強《中國兵工製造業發展史》，記錄了各廠的整理經過、研究單位與兵工學校的籌設充實情形等。〔註20〕劉維開《國難期間應變圖存問題之研究——從九一八到七七》的〈制定國防計劃發展兵工業〉，主要徵引《中華民國重要史料初編——對日抗戰時期》，〔註21〕以及國防部史政編譯局出版之若干專書內容，對第五次剿共後國府致力整頓兵工廠有所探討。〔註22〕曾祥穎在《中國近代兵工史》中詳細敘述晚清到國共內戰的兵工發展，對於抗戰前國府直屬與地方掌有兵工廠之歷史脈絡、運作情形均有介紹，但美中不足的是徵引不詳。〔註23〕

　　關於兵工廠產能，陳存恭〈民初陸軍軍火之輸入〉提到當時因連年內戰，各方對軍火需求孔急，而軍購的前提之一是自產質量的不足，所以推測許多兵工廠的產量統計，多半只是參考數據或估計值，實則要大打折扣；中國軍火工業為官營企業，較不重視成本計算、市場銷售和企業管理觀念，產品成本常高於舶來品，產量不足，品質參差；以上是中國不能正常發展軍火工業的原因。〔註24〕杜殿英〈機械工業〉指出，我國發軔自晚清的兵工事業，因民初軍閥割據，各勢力缺乏遠見，只以供應內戰所需為滿足，極少能致力獲得充足資金與新式管理，規模與產量和列強各廠相距甚遠。〔註25〕張力〈中國軍官對第一次世界大戰的觀察與省思〉，提到民初中國與歐洲軍事科技差距懸殊的情形，因時空背景與研究領域相近，對於了解本研究時代背景有所幫助。〔註26〕郭沛一〈迷霧中的士兵：1920年代〉探討民初士兵武裝情形，述及國內兵工廠產品質量不足問題。〔註27〕陳志讓《軍紳政權》談到武裝普遍

〔註20〕王國強，《中國兵工製造業發展史》，頁89～92、95～102。

〔註21〕秦孝儀主編，《中華民國重要史料初編——對日抗戰時期》（臺北：中國國民黨中央委員會黨史委員會，1981年）。

〔註22〕劉維開，《國難期間應變圖存問題之研究——從九一八到七七》，頁230～233。

〔註23〕曾祥穎，《中國近代兵工史》（重慶：重慶出版社，2008年），頁123～175。

〔註24〕陳存恭，〈民初陸軍軍火之輸入〉，《中央研究院近代史研究所集刊》，期6（1977年），頁240～243、249。

〔註25〕杜殿英，〈機械工業〉，張茲闓編，《中國工業》，頁80～83。

〔註26〕張力，〈中國軍官對第一次世界大戰的觀察與省思〉，《輔仁歷史學報》，期19，（2007年7月），頁81～117。

〔註27〕郭沛一，〈迷霧中的士兵：1920年代〉，臺北：臺灣大學歷史學研究所碩士論文，2002年，頁68～73。

匱乏的問題，如何影響軍閥間內戰的模式與思維。〔註 28〕以上對於本研究的背景認識具有相當幫助，可做爲民初國內兵工廠運作狀況的參考。

劉馥（F. F. Liu）《中國現代軍事史》的〈德國軍事及工業上的影響：賽克特與法肯豪森〉提到，中國軍火工業在德國協助下擴張，並開始生產品質和精度較好的德式兵器。〔註 29〕〈工業動員〉指出由於工業落後和管理不當，工業化在軍事方案中降到次要地位，重工業落後，導致輕兵器特別是機關槍、迫擊砲等構成部隊主要火力。〔註 30〕劉馥對戰前軍火生產的研究，爲後繼學者提供了參考的方向。

國府曾於抗戰前擬定大規模整軍計畫，以提高部隊戰力，而換裝軍火是其中重要手段。劉鳳翰《戰前的陸軍整編：附九一八事變前後的東北軍》，主要依據國防部史政編譯局《國軍檔案》，其中〈抗戰前陸軍再整編〉提到國府爲推動 60 師整軍計畫，在抗戰前擬定相關的自製軍火計畫。〔註 31〕但因該書主題是國軍的整編過程，討論軍火生產規畫的篇幅不多。關於國府將地方兵工廠納入直轄的努力，王紫雲〈抗戰時期兵工業的發展〉，主要引用專書，指出國府自統一全國後開始收購與接管各地兵工廠，由於事關地方實力派勢力消長與利益，導致進展困難，至七七事變前只有少數完成收購。〔註 32〕由於王文的重點放在抗戰時期，對於抗戰前的發展有再予擴充的必要。

羅慶生〈抗戰前國軍的軍事改革——軍事事務革新觀點下的分析〉，主要徵引國內專書，指出九一八事變後由於向德國購買現代化裝備的計畫遭日本破壞，所需軍火仍以國內產製和舊有軍火中調撥配補爲主；受限於經濟基礎薄弱，以及戰亂的阻礙，導致兵工廠製造能力有限。〔註 33〕但文中未述及兵工署對國內各廠管轄關係的演變，而將地方勢力控制者一併視爲「我國的兵工廠」，於權責關係可再進一步釐清。

〔註 28〕 陳志讓，《軍紳政權》（桂林：廣西師範大學出版社，2008 年），頁 84～85、91～92。

〔註 29〕 劉馥（F. F. Liu）著，梅寅生譯，《中國現代軍事史》（臺北：東大圖書公司，1986 年），頁 97～112。

〔註 30〕 劉馥（F. F. Liu）著，梅寅生譯，《中國現代軍事史》，頁 171～181。

〔註 31〕 劉鳳翰，《戰前的陸軍整編：附九一八事變前後的東北軍》（臺北：國防史政編譯室，2002 年），頁 326～330。

〔註 32〕 王紫雲，〈抗戰時期兵工業的發展〉，《中華軍史學會會刊》，卷 1（1995 年），頁 169。

〔註 33〕 羅慶生，〈抗戰前國軍的軍事改革——軍事事務革新觀點下的分析〉，《中華軍史學會會刊》，卷 10（2005 年 4 月），頁 60～66。

　　關於抗戰爆發前國府兵工產能是否充足的問題，陸大鉞〈九一八事變後國民政府調整兵工事業述論〉，以專書為主要徵引資料，認為當時國府適應國防需要，調整發展軍火生產事業，增加產品質量，逐次將已就國防位置各師武裝汰舊換新，並予以制式化，使國防實力有所增強。〔註 34〕章慕榮〈日本侵華時期國民政府陸軍武器裝備建設之考察〉，亦以專書為主要資料來源，指出抗戰前國府大量引進德式裝備，並積極謀求兵器自給，使陸軍裝備水準有所改觀，但最終仍陷入越建設越依賴外國軍火的惡性循環之中，而以自製輔外購的裝備建設模式，則加深國軍裝備品質的參差不齊與種類紛雜問題。〔註 35〕這種結論和前述王國強與陸大鉞的看法不同，有近一步探討的必要。

　　兵工委員會的相關研究，王安中〈國民政府軍事工業研究〉的〈國民政府建立初期的軍事工業〉，提到兵工委員會的設立，有利於加強兵工科技研究。〔註 36〕兵工學校的相關研究，有吳斯偉〈俞大維與國民政府的兵工建設（1933～1945）〉，〔註 37〕與王安中〈國民政府軍事工業研究〉。〔註 38〕其中吳文的徵引書目以重慶檔案館藏資料與專書為主，但二文都把重點放在抗戰爆發後的發展，對於抗戰前有再深入研究的必要。

　　關於兵工署與軍械庫的關係，兵工委員會的成員與功能發揮等，目前較缺少專門研究，亦待吾人開發與探討，以充實整體研究水準與內涵。

（三）兵工署的人事研究

　　兵工署重要成員的研究，李清江〈抗戰時期國民政府兵工企業內遷歷史考察〉，回溯至抗戰前國府對於兵工單位的整頓，以及建立由兵工署而下的層級指揮體系的經過，指出國內兵工專家多數具有留學外國經驗。〔註 39〕麥勁

〔註 34〕　陸大鉞，〈九一八事變後國民政府調整兵工事業述論〉，《抗日戰爭研究》，期 2（1993 年），頁 114～116。

〔註 35〕　章慕榮，〈日本侵華時期國民政府陸軍武器裝備建設之考察〉，《抗日戰爭研究》，期 1（2008 年），頁 58～60。

〔註 36〕　王安中，〈國民政府軍事工業研究〉，上海：上海大學中國近現代史博士論文，2009 年 4 月，頁 68。

〔註 37〕　吳斯偉，〈俞大維與國民政府的兵工建設（1933～1945）〉，長沙：國防科學技術大學中國近現代史碩士論文，2009 年，頁 41～42。

〔註 38〕　王安中，〈國民政府軍事工業研究〉，上海：上海大學中國近現代史博士論文，2009 年 4 月，頁 177～179。

〔註 39〕　李清江，〈抗戰時期國民政府兵工企業內遷歷史考察〉，長沙：中國人民解放軍國防科學技術大學中國近現代史碩士論文，2009 年。

生〈留德科技菁英、兵工署和南京政府的軍事現代化〉，徵引中外專書、史料彙編及傳記等，指出北伐結束後，兵工署逐漸成爲留德學生一大據點，而他們對兵工署接收各廠、籌備新廠等工作發揮了重大作用。〔註40〕羅永明〈德國對南京政府前期兵工事業的影響（1928～1938）〉徵引德國弗萊堡軍事歷史檔案館、南京第二歷史檔案館、重慶檔案館所藏史料，並參考時人回憶、專書等資料，從技術史觀點，分章敘述德國對於當時中國兵工科技各方面的作用與影響，指出在此氛圍下，具有德國教育背景的兵工人才十分活躍，甚至壟斷了兵工署轄下科研中心的要職。〔註41〕至於留學其他國家者，則有再行研究的必要。

關於兵工署長，吳斯偉〈俞大維與國民政府的兵工建設（1933～1945）〉，主要從俞大維與國府兵器工業建設的戰略選擇、管理舉措和人才建設三方面入手，認爲俞改變生產格局，發展兵工科研並培養人才，在一定程度上推動了中國兵工的現代化。〔註42〕但除俞大維以外，對其他署長的研究則相對缺乏。

德國軍事顧問影響的研究，有傅寶眞《德籍軍事顧問與抗戰前的中德合作及對軍事的貢獻》，〔註43〕王正華《抗戰時期外國對華軍事援助》的〈戰前十年的中德軍經關係〉，〔註44〕馬文英〈德國軍事顧問團與中德軍火貿易關係的推展〉，〔註45〕及朱景鵬〈德國駐華軍事顧問團之研究（民國十七至二十七年）〉。〔註46〕其中傅、馬二氏徵引了許多德國方面的原件檔案，十分珍貴，王正華則以期刊論文及專書爲主要資料來源；但德國軍事顧問團主要對軍隊

〔註40〕麥勁生〈留德科技菁英、兵工署和南京政府的軍事現代化〉，《上海大學學報》社會科學版，卷13期2（2006年3月），頁100～107。

〔註41〕羅永明，〈德國對南京政府前期兵工事業的影響（1928～1938）〉，合肥：中國科學技術大學科學技術史博士論文，2010年，頁14～18。

〔註42〕吳斯偉，〈俞大維與國民政府的兵工建設（1933～1945）〉，長沙：國防科學技術大學中國近現代史碩士論文，2009年，頁27～28。

〔註43〕傅寶眞，《德籍軍事顧問與抗戰前的中德合作及對軍事的貢獻》（臺北：臺灣民生出版社，1998年），頁243～255、277。

〔註44〕王正華，《抗戰時期外國對華軍事援助》（臺北：環球出版社，1987年），頁48～78。

〔註45〕馬文英，〈德國軍事顧問團與中德軍火貿易關係的推展〉，《中央研究院近代史研究所集刊》，卷23（1994年6月），頁133～165。

〔註46〕朱景鵬，〈德國駐華軍事顧問團之研究（民國十七至二十七年）〉，臺北：淡江大學歐洲研究所碩士論文，1987年，頁170、201～202、242～243。

與軍事院校提供服務，而不包括兵工體系在內。羅永明〈德國對南京政府前期兵工事業的影響（1928～1938）〉對德國在華軍事與兵工技術顧問列表整理，如欲了解其他國籍顧問在兵工體系協助的情形，則有再對其進行研究的必要。

兵工廠人事相關研究，吳斯偉〈俞大維與國民政府的兵工建設（1933～1945）〉，對於兵工技術人員的待遇、職工子弟教育等，主要對抗戰爆發後的部分討論。〔註47〕王安中〈國民政府軍事工業研究〉，關於兵工從業者的福利待遇，也是針對抗戰爆發後的做法進行探討。〔註48〕張瑞德〈戰爭與工人文化——抗戰時期大後方工人的認同問題〉，主要引用當時報紙、史料彙編及專書為徵引資料，雖然以抗戰期間為時間範圍，但關於兵工廠工人的組成、學歷、心態等進行深入討論，對本研究的兵工廠管理部分仍有參考價值。〔註49〕

總而言之，以往關於兵工署的成立與演變研究，對其管轄機構的研究多集中於兵工廠，但不甚強調其與兵工署隸屬關係的演變，且對於軍械庫、兵工委員會、兵工學校等機構有所忽略；人事部分多集中於討論兵工署上層菁英的留德背景，但忽略其他學經歷背景者的存在性，而且對於職員、其他任職者如軍械庫人員、外籍顧問及工人等著墨較少。故本研究欲藉此機會加以補充，拋磚引玉，補過去相關研究缺乏之憾。

三、時間斷限與研究範圍

本研究的時間斷限，自民國 17 年（1928）11 月兵工署成立起，到民國 26 年（1937）七七事變爆發為止。始於民國 17 年的主要原因，在於該年兵工署的創立；為何止於民國 26 年（1937），則是因為此年對日全面衝突的爆發，實可視為國府北伐以後國防規畫的總驗收，可藉由探討此時期的兵工署發展，了解國府整軍備戰的成效。此期間涵蓋了中原大戰、九一八事變、一二八事變、剿共戰爭等國內外重要大軍事衝突，與本研究有關部分也將一併討

〔註47〕 吳斯偉，〈俞大維與國民政府的兵工建設（1933～1945）〉，長沙：國防科學技術大學中國近現代史碩士論文，2009 年，頁 43～45。

〔註48〕 王安中，〈國民政府軍事工業研究〉，上海：上海大學中國近現代史博士論文，2009 年 4 月，頁 187～195。

〔註49〕 張瑞德，〈戰爭與工人文化——抗戰時期大後方工人的認同問題〉，黃克武編，《軍事組織與戰爭：第三屆國際漢學會議論文集歷史組》（臺北：中央研究院近代史研究所，2002 年），頁 243～273。

論。這段期間與所謂「黃金十年」大致吻合，也就是國府在八年抗戰爆發前，能夠儘可能集中資源建設國家的時期。此外，為了解兵工署的成立背景，晚清及民初的中央政府軍火生產行政管理也在研究中略為探討。

　　至於研究範圍，則包括兵工署本身及轄下機關組織、人事的規畫與演變。組織部分包括兵工署本部及其下所設司、科等部門，以及管轄之兵工廠、軍械庫、人才單位等機構，探討其建構經過、背景因素與變化情形；人事部分則涵蓋兵工體系內從正副署長、司科廠庫等單位負責人，到技術人員、職員、外籍顧問與工人等所屬成員，對其人事特性、任免情形、身分資歷、服務表現等進行比較分析。

　　抗戰前兵工署所轄兵工廠的生產項目，除了部分有製造航空炸彈外，〔註50〕均以陸軍軍火為主，原因和國府的軍政體制有關。當時空軍的飛機組裝廠、維修工廠以及倉庫，均由航空署及民國 23 年（1934）以後改組的航空委員會自行管理；〔註51〕而海軍的艦艇製造、維修與械彈供應，亦由海軍部造船廠與後勤單位自辦。〔註52〕故本研究所討論之兵工廠與軍械彈藥生產、存儲等業務，以陸軍為主，並且不涉及海軍部、航空委員會所管轄之工廠、倉庫等單位。

四、研究方法與史料介紹

　　本文採用的研究途徑為歷史研究法，研究方法則兼採歸納法、比較法、綜合法、分析法等，強調史料的蒐集、運用與解讀。包括檔案、公報、史料彙編、時人著述、回憶錄、傳記、報紙、訪問記錄、官方出版品及專書等，以這些史料為重心，加以整理、歸納、考證與分析。

　　至於史料來源，檔案主要引用國史館收藏的國民政府檔案（以下簡稱國府檔案）、蔣中正總統文物檔案（以下簡稱蔣檔）及軍事委員會侍從室檔案（以下簡稱侍從室檔案）。檔案中關於軍火生產與兵工署業務的部分頗多，多以「兵工」代稱之，但兵工一詞除了代表兵器工業的簡稱外，在當時也有「寓兵於

〔註50〕 重檔，兵工署 1 目 233 卷，〈兵工署製造司、技術司、軍械司二十三年度工作報告摘要〉，1935 年 6～7 月，中國近代兵器工業檔案史料編委會編，《中國近代兵器工業檔案史料》，冊 3（北京：兵器工業出版社，1993 年），頁 141～142。
〔註51〕 國防部史政編譯局編，《國軍後勤史》，冊 3（臺北：國防部史政編譯局，1989年），頁 25～29。
〔註52〕 國防部史政編譯局編，《國軍後勤史》，冊 3，頁 19～21、47。

工」的另一種涵義，凡以部隊官兵進行公共工程的計畫，也被冠上兵工一詞。爲正本清源，本研究所用「兵工」詞意，均爲與軍火生產相關的事項代稱。侍從室檔案包括當年對相關人士進行建檔的原始資料，對兵工人事考察十分重要。至於國防部史政編譯局之史政檔案，因查無密切相關資料，故不徵引。

政府公報方面，包括《臨時政府公報》，《政府公報》，《軍政府公報》，《海陸軍大元帥大本營公報》（以下簡稱《大本營公報》）與《國民政府公報》（以下簡稱《國府公報》），內含許多人事任免與法規公告，是官方重要消息來源。

史料彙編方面，主要採用兵器工業出版社《中國近代兵器工業檔案史料》收錄資料。﹝註 53﹞其他包括張俠編《北洋陸軍史料（1912～1916）》、﹝註 54﹞孫毓棠編《中國近代工業史資料》、﹝註 55﹞黃嘉謨編《白崇禧將軍北伐史料》等。﹝註 56﹞其他如《文史資料存稿選編》、﹝註 57﹞《鞏縣文史資料》、《黃埔軍校史料（1924～1927）》、﹝註 58﹞《兵工史料》等史料彙編，﹝註 59﹞內容包含兵工相關人士的回顧，亦具有相當參考價值。

時人日記、回憶錄、傳記、訪問記錄方面，由於北伐前後的軍隊武裝情形具有延續性，所以北伐前的資料也有相當參考價值。歐振華《北伐行軍日記》便屬於這類較早期的記載。﹝註 60﹞軍政領導人回憶錄有《李宗仁回憶錄》、﹝註 61﹞蘇聯軍事顧問回憶錄《中國國民革命軍的北伐：一個駐華軍事顧問的札記》。﹝註 62﹞訪問記錄有中央研究院近代史研究所《白崇禧先生訪問紀錄》、

﹝註 53﹞ 中國近代兵器工業檔案史料編委會編，《中國近代兵器工業檔案史料》，冊 3。
﹝註 54﹞ 張俠編，《北洋陸軍史料（1912～1916）》（天津：天津人民出版社，1987 年）。
﹝註 55﹞ 孫毓棠編，《中國近代工業史資料》（臺北：文海出版社，1979 年）。
﹝註 56﹞ 黃嘉謨編，《白崇禧將軍北伐史料》（臺北：中央研究院近代史研究所，1994 年）。
﹝註 57﹞ 中國人民政治協商會議全國委員會文史資料委員會編，《文史資料存稿選編》，冊 18（北京：中國文史出版社，2002 年）。
﹝註 58﹞ 廣東革命歷史博物館編，《黃埔軍校史料（1924～1927）》（廣東：廣東人民出版社，1982 年）。
﹝註 59﹞ 中國兵工學會兵工史編輯部編，《兵工史料》，輯 2（北京：同編者，1984 年）。
﹝註 60﹞ 歐振華，《北伐行軍日記》（臺北：文海出版社，1977 年）。
﹝註 61﹞ 李宗仁口述、唐德剛撰寫，《李宗仁回憶錄》，上冊（臺北：曉園出版社，1989 年）。
﹝註 62﹞ 切列潘諾夫著，中國社會科學院近代史研究所翻譯室譯，《中國國民革命軍的北伐：一個駐華軍事顧問的札記》（北京：中國社會科學院近代史研究所，1981 年）。

〔註63〕《馬超俊先生訪談紀錄》。〔註64〕傳記有簡又文《西北從軍記》、〔註65〕李元平《俞大維傳》、〔註66〕王成斌主編《民國高級將領列傳》、〔註67〕國史館編《國史館現藏民國人物傳記史料彙編》等，對人事與兵工方面均提供不少豐富的史料。

報紙、期刊方面，當時報紙如《中央日報》、《盛京時報》、《天津益世報》、天津《大公報》等，提供許多當時相關訊息。期刊如《傳記文學》、《紅岩春秋》、《現代中國軍事史評論》、《中華軍史學會會刊》等，可從中得知當時人事的相關情報，以及兵工發展情形的若干觀點。而兵工學校刊物如《兵工季刊》、〔註68〕《兵專》，〔註69〕則提供當時兵工學校教職員與學生的重要線索。

五、章節配置

本文的章節分配，除了第一章緒論以及第五章結語外，主述在於第二章到第四章，茲對研究的各個重心分別加以論述。

第二章〈國府軍火生產的中央行政管理〉，主要針對國府軍政部兵工署及其所屬的行政管理體系作相關研究。內容分為三節，第一節介紹軍政部兵工署的成立背景與經過，以及國府對於兵工的定義；第二節對兵工署的組織架構演進，進行整理與比較分析。

第三章〈兵工署所轄機構〉，第一節探討兵工署所轄兵工廠演變情形，第二節分析兵工署所轄軍械庫演變情形，第三節則對兵工技術委員會與兵工學校作研究，以了解兵工署的人才管理與培養機構。

第四章〈兵工署人事管理〉，第一節從對兵工技術人員屬性的探討，了解

〔註63〕白崇禧口述，郭廷以校閱，賈廷詩、馬天綱、陳三井、陳存恭訪問，《白崇禧先生訪問記錄》，上冊（臺北：中央研究院近代史研究所，1984 年）。

〔註64〕馬超俊口述，郭廷以、王聿均訪問，劉鳳翰記錄，《馬超俊先生訪談紀錄》（臺北：中央研究院近代史研究所，1992 年）。

〔註65〕簡又文，《西北從軍記》，上冊（臺北：傳記文學，1982 年）。

〔註66〕李元平，《俞大維傳》（臺中：臺灣日報，1992 年）。

〔註67〕王成斌主編，《民國高級將領列傳》，冊 7（北京：解放軍出版社，1993 年）。

〔註68〕《兵工季刊》，號 1（湖北：兵專同學會出版部，1930 年），全國圖書館文獻縮微復製中心編，《民國珍稀短刊斷刊‧湖北卷》，卷 1（北京：全國圖書館文獻縮微復製中心，2006 年）。

〔註69〕《兵專》，期 1，全國圖書館文獻縮微復製中心編，《民國珍稀短刊斷刊‧湖北卷》，卷 1（北京：全國圖書館文獻縮微復製中心，2006 年）。

兵工署人事的性質與特點；第二節討論兵工署署長、廠長等主官，署內、廠
內職員與其他人員的角色定位與發揮功能；第三節探討兵工廠工人的來源、
組成、性質、管理與相關制度、待遇福利，以及工潮問題。

第二章　國府軍火生產的中央行政管理

　　民國元年（1912）1 月 3 日，臨時政府在南京成立；3 月 10 日，北洋派領袖袁世凱（1859～1916）就任總統；4 月 2 日，臨時政府遷往北京。〔註 1〕此後到北伐完成的十餘年間，北京政府一直是普遍公認的中國中央政府。本章先就北洋時期管理軍火生產的軍械司與兵工督辦處作介紹與探討，再對國府軍政部兵工署的成立理念與組織沿革進行分析比較。

第一節　軍政部兵工署的建立

一、中央政府軍火生產行政機關演變

（一）北洋政府陸軍部軍械司的功能與侷限

　　北洋政府管理全國軍火生產的行政機關，是演變自晚清時期。光緒 29 年（1903）清廷設練兵處，業務包括管理各省兵工廠，〔註 2〕但其職責屬監督性質而非專責管理。光緒 32 年（1906）兵部改為陸軍部，下設軍實司，掌管械彈的製造、存儲、銷用事宜。〔註 3〕此可謂北洋政府軍械司的原型。

〔註 1〕　郭廷以，《中華民國史事日誌》，冊 1（臺北：中央研究院近代史研究所，1979
　　　　年），頁 2、32、37。
〔註 2〕　總理練兵處檔，〈奕劻等奏訂練兵處辦事簡要章程折〉，光緒 29 年 12 月 6
　　　　日，中國近代兵器工業檔案史料編委會編，《中國近代兵器工業檔案史料》，
　　　　冊 1（北京：兵器工業出版社，1993 年），頁 327。
〔註 3〕　兵部檔，〈陸軍部各廳司處應辦事宜〉，光緒 33 年，中國近代兵器工業檔案
　　　　史料編委會編，《中國近代兵器工業檔案史料》，冊 1，頁 332～334。

但陸軍部至宣統 3 年（1911）再行改組，軍實司併入軍制司，由砲兵科兼辦其業務。〔註 4〕因爲這在組織層級與專業分工上是一種倒退，可見清廷對軍火生產行政管理不夠重視。

民國元年（1912）1 月 3 日，中華民國臨時政府於南京成立，在陸軍部下設立軍械局，主管兵器製造業務。〔註 5〕袁世凱（1859～1916）就任總統後，7 月改組陸軍部，所屬各局改爲司，軍械局亦改稱爲軍械司。〔註 6〕由此來看，自晚清到民初中央政府軍火生產行政機關的演變，具有相當的延續性，而民初對軍火生產主管機關獨立建制，比起晚清已有進步。當時北洋政府中央機構與軍械司的組織關係如圖 1 所示。

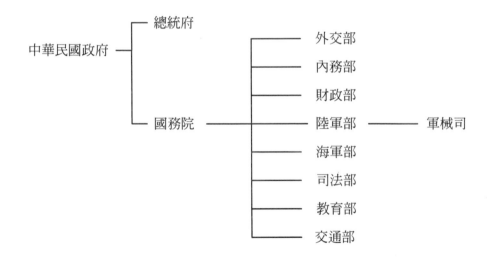

圖 1：1912 年 3 月至 1914 年 5 月北洋政府中央機構與軍械司建制組織圖

資料來源：〈中華民國（北京）政府中央機構建制表一〉，（1912.3～1914.6），徐友春主編，《民國人物大辭典》，下冊（石家莊：河北人民出版社，2007 年），頁 2859。

根據民國 3 年（1914）頒布〈修正陸軍部官制〉，軍械司職責主要包括軍用槍砲彈藥與器具材料之制式籌畫、支給、交換、經理及檢查，及技術審

〔註 4〕 陸軍部檔，〈陸軍部奏定陸軍部暫行官制折（奏底）〉，宣統 3 年 2 月 9 日，中國近代兵器工業檔案史料編委會編，《中國近代兵器工業檔案史料》，冊 1，頁 360～361。
〔註 5〕 《臨時政府公報》，號 2，頁 13～15。
〔註 6〕 曾祥穎，《中國近代兵工史》，頁 123。

檢院、兵工廠、軍械局事項。〔註7〕後擬定〈陸軍兵工廠條例草案〉及〈陸軍軍械廠條例草案〉、制定預算、執行軍火禁制事項、整頓製造局廠等。〔註8〕加強對兵工廠的管轄，對上海、漢陽、德州、廣東、四川等廠局派員管理，形式上完成接管。〔註9〕民國4年（1915）擬重新規劃所轄各廠，統一槍彈口徑為六八公厘；〔註10〕民國7年（1918）對直轄各廠經費及額造情形追蹤分析；〔註11〕民國12年（1923）對各廠提存特別臨時收入作相關指示。〔註12〕可見其確實對全國兵工業務進行整理規劃。

但就整體而言，軍械司的職能卻無法充分發揮，這可從以下幾點說明：

1、直轄兵工廠不多

軍械司直轄兵工廠，至民國6年（1917）只剩漢陽、上海、德縣及新建的鞏縣4座。〔註13〕到北伐前軍械司所轄廠數再無增加，對其職掌無疑是極大縮限。就全國而言，至少有30座兵工廠未受軍械司管轄。〔註14〕部分兵工廠名義上雖隸屬陸軍部，實受各省督軍支配。以漢陽兵工廠為例，其前身

〔註7〕　《政府公報》，783號，1914年7月11日；《陸軍法規》，〈修正陸軍部官制〉，1914年7月10日，中國近代兵器工業檔案史料編委會編，《中國近代兵器工業檔案史料》，冊2（北京：兵器工業出版社，1993年），頁18。

〔註8〕　北洋政府陸軍部檔案，〈陸軍部軍械司要事紀略〉，1912年7月，中國近代兵器工業檔案史料編委會編，《中國近代兵器工業檔案史料》，冊2，頁1～5。

〔註9〕　北洋政府陸軍部檔案，〈陸軍部軍械司關於廣東兵工廠管理改稱督辦等情致陸軍總長呈稿〉，1913年10月27日；〈陸軍總長段祺瑞關於任命滬德漢三廠會辦致大總統呈〉，1914年4月17日；中國近代兵器工業檔案史料編委會編，《中國近代兵器工業檔案史料》，冊2，頁148、149、5。

〔註10〕北洋政府陸軍部檔案，〈陸軍部軍械司關於籌擬接收各省軍械局廠辦法及整頓計畫稿〉，〈籌擬收管各省製造軍械局廠辦法及收管後整頓計畫〉，1915年，中國近代兵器工業檔案史料編委會編，《中國近代兵器工業檔案史料》，冊2，頁47～49。

〔註11〕北洋政府陸軍部檔案，〈陸軍部軍械司關於直轄各兵工廠經費及額造情形呈稿〉，1918年1月7日，中國近代兵器工業檔案史料編委會編，《中國近代兵器工業檔案史料》，冊2，頁231～233。

〔註12〕北洋政府陸軍部檔案，〈陸軍部關於各兵工廠提存特別臨時致各廠訓令〉，1923年12月19日，中國近代兵器工業檔案史料編委會編，《中國近代兵器工業檔案史料》，冊2，頁215～216。

〔註13〕北洋政府陸軍部檔案，〈陸軍部頒訂陸軍兵工廠編制條例〉，1917年4月2日，中國近代兵器工業檔案史料編委會編，《中國近代兵器工業檔案史料》，冊2，頁14。

〔註14〕關於民國元年至16年國內主要陸軍軍火生產機構一覽，請見附錄一。

湖北兵工廠由湖北督軍府直轄，並受陸軍部節制。〔註 15〕亦即陸軍部原本的管轄順位，還排在湖北督軍府之後。金陵兵工廠前身金陵製造局，實受江蘇督軍控制；〔註 16〕鞏縣兵工廠於民國 14 年（1925）劃歸河南督軍管轄。〔註 17〕督軍支配各廠的背景，應是各廠多由晚清地方督撫建立運作，清廷並未整合，以至民國後各廠受軍政勢力支配的情形十分常見，影響軍械司職能發揮。

2、全國動盪，內戰頻仍

民國建立後，國內陷入連年戰亂，各兵工廠常成為優先爭奪的目標。前述地方督軍支配兵工廠的制度，已將兵工廠視為基地、兵站之類的軍事單位，足以助長軍人擁廠自重的歪風。再以軍械司直轄兵工廠來說，因國家政權先後為皖系、直系等軍閥掌控，以至這些兵工廠也被先後入主北京的不同派系把持。〔註 18〕所以全國性的動盪對於軍械司的職能發揮，造成極負面的影響。

3、國家財政困難，影響正常生產

民初軍火廠局原有各自經費來源。〔註 19〕但因國家財政窘迫，自民國 8年（1919）起，財政部陸續拖欠滬、漢、德、鞏 4 廠應領經費，至民國 10年（1921）5 月已多達 500 餘萬，嚴重影響運作。〔註 20〕如此使軍械司的功能大打折扣。

4、軍械司層級低

軍械司是隸屬於陸軍部的下級單位，未獲得兵工規劃的充分授權，亦無統籌管理能力。而財政部對軍械司維持兵工產能的需求並不積極配合，甚至

〔註 15〕 〈湖北槍砲廠〉，中國近代兵器工業編審委員會編，《中國近代兵器工業：清末至民國的兵器工業》（北京：國防工業出版社，1998 年），頁 162。

〔註 16〕 〈金陵製造局〉，中國近代兵器工業編審委員會編，《中國近代兵器工業：清末至民國的兵器工業》，頁 142～143。

〔註 17〕 〈鞏縣兵工廠〉，中國近代兵器工業編審委員會編，《中國近代兵器工業：清末至民國的兵器工業》，頁 175。

〔註 18〕 以民國 10 年直系當權時期為例，漢陽兵工廠實受吳佩孚控制，委託代造步槍須先經吳同意，並加收每枝 2 元的「格外費」，全部匯給吳。楊文愷，〈漢陽兵工廠與吳佩孚〉，中國人民政治協商會議全國委員會文史資料委員會編，《文史資料存稿選編》，冊 18，頁 173～174。

〔註 19〕 陸軍部檔，〈陸軍行政紀要〉，張俠編，《北洋陸軍史料》，頁 369～372。

〔註 20〕 北洋政府陸軍部檔案，〈軍械司長于化龍關於致陸軍部總次長呈稿〉，1921年 5 月 24 日，中國近代兵器工業檔案史料編委會編，《中國近代兵器工業檔案史料》，冊 2，頁 254、255。

多所限制。〔註21〕原因除了經費困難外，也和軍械司層級較低難脫關係。

二、督辦兵工廠事務處的成立與撤銷

民國3年（1914）5月8日，北京政府根據約法中大總統統率全國陸海軍之規定，於大總統府設統率辦事處。〔註22〕下設督辦兵工廠事務處，一般稱為兵工督辦處，由薩鎮冰（1858～1952）任督辦。〔註23〕此為軍械司以外的另一個軍火生產主管機關。兵工督辦處的職權行使，主要表現在以下方面：

1、籌設鞏縣兵工廠，擬將漢陽兵工廠重要機料及精幹技師調往鞏廠，由北洋政府派人主持。〔註24〕

2、改進各廠生產，要求聘用煉鋼造藥的外國專家，並就上海兵工廠添設煉鋼爐事宜提出咨呈。〔註25〕

3、加強對各廠的掌控，上海製造局、漢陽兵工廠、漢陽鋼藥廠、德縣兵工廠之年度預算，自民國5年（1916）起亦改由兵工督辦處負責。〔註26〕

由以上陳述可知，兵工督辦處和軍械司的業務實有相當大的重疊性，但根據圖2所示，其負責對象是直屬總統府的統率辦事處，甚至袁世凱本人，地位與重要性不言可喻。軍械司有前述層級較低的問題，面臨全國性整軍經武時，以兵工督辦處代之將更有效率。就此來看，督辦兵工廠事務處的設置，確有其務實的一面。但是督辦兵工廠事務處隸屬統率辦事處，而統率辦事處的成立背景，主要出自袁世凱的攬權心態，如此安排缺乏合理性與正當性，

〔註21〕北洋政府陸軍部檔案，〈陸軍部關於各兵工廠加造經費等情與財政部往來咨文及呈稿〉，1919年1～6月，中國近代兵器工業檔案史料編委會編，《中國近代兵器工業檔案史料》，冊2，頁234～236。

〔註22〕《政府公報》，720號，1914年5月9日。

〔註23〕〈薩鎮冰〉，《民國高級將領列傳》，冊7（北京：解放軍出版社，1993年），頁353。

〔註24〕王國強，《中國兵工製造業發展史》，頁50。

〔註25〕北洋政府陸軍部檔案，〈薩鎮冰關於聘用煉鋼造藥外國專門人才致大元帥秘呈〉，1915年7月29日；〈薩鎮冰關於上海兵工廠添設煉鋼爐所撥款項已領收致統率辦事處咨呈〉，1915年9月29日；中國近代兵器工業檔案史料編委會編，《中國近代兵器工業檔案史料》，冊2，頁468、225。

〔註26〕北洋政府陸軍部檔案，〈薩鎮冰關於各兵工廠五年度概算由致陸軍部呈〉，1916年，中國近代兵器工業檔案史料編委會編，《中國近代兵器工業檔案史料》，冊2，頁207～208。

亦難服眾。袁世凱死後，民國 6 年（1917）1 月，兵工督辦處議決撤銷，各廠仍歸軍械司管理。〔註27〕但與袁氏敵對的國民黨，後來卻採取類似兵工督辦處的構想，而有軍政部兵工署的建立。

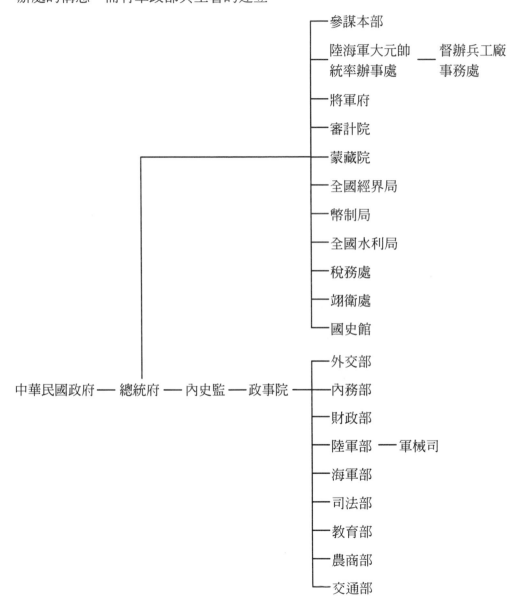

圖 2：1914 年北洋政府督辦兵工廠事務處與相關機構組織圖

〔註27〕陸軍部編，《陸軍行政紀要》，民國九年版（臺北：文海出版社，1971 年），頁 169。

資料來源：〈中華民國（北京）政府中央機構建制表二（1914.5～1915.12）〉，徐友春主編，《民國人物大辭典》，下冊，頁2860。

　　北洋政府設置軍火生產行政機關的缺失，組織上導因於常設的軍械司地位較低，又和位階高的兵工督辦處間有疊床架屋的問題，非但不能互相搭配，反而影響彼此的職能發揮；人的因素方面，在軍閥割據的背景下，各軍政領袖只關心己方實力的擴充，對此二專責單位的職權並不尊重，以致因人誤事。

二、國府軍政部兵工署的建立

（一）北伐期間的軍火供需問題

　　國民革命軍於民國15年（1926）展開北伐時，起初有廣東、廣西的兵工廠作為軍火供應後盾；爾後於民國15、16年（1926、1927）分別佔領漢陽、上海兵工廠，掌控了較大型的軍火生產機構。表面上漸入佳境，實際上軍火供需仍有若干問題亟待解決。茲分析如下：

1、各方勢力把持，統整不易

　　民國13年（1924），廣東石井兵工廠由境內滇桂系勢力掌握，並不積極供應其他勢力軍火。〔註28〕民國14年（1925）6月滇桂系將領遭驅逐，廣州革命政府控制兵工廠。〔註29〕7月大元帥府改為國民政府，該廠更名廣東兵器製造廠。〔註30〕9月11日公布〈兵工廠組織法〉，規定兵工廠直屬國府，所造械彈由軍事委員會分配。〔註31〕但對他廠則採取較寬鬆的標準，例如廣西的兵工廠就不納入軍事委員會管轄。換言之，〈兵工廠組織法〉

〔註28〕據當時黃埔軍校教授部主任王柏齡（1889～1942）的回憶，兵工廠並不以黃埔軍校為重，孫中山曾批准發給軍校300枝步槍，交涉多時僅發下30枝；廠長馬超俊（1885～1977）回憶，滇軍第二軍軍長范石生（1887～1939）曾因不滿馬優先撥給軍校槍枝而將其拘留。廣東革命歷史博物館編，《黃埔軍校史料（1924～1927）》（廣東：廣東人民出版社，1982年），頁71～73；馬超俊口述，郭廷以、王聿均訪問，劉鳳翰記錄，《馬超俊先生訪談紀錄》（臺北：中央研究院近代史研究所，1992年），頁61～62。

〔註29〕陳存恭，《列強對中國的軍火禁運》（臺北：中央研究院近代史研究所，1983年），頁223。

〔註30〕重檔，41廠人目137～138卷，〈第四十一工廠〉，中國近代兵器工業檔案史料編委會編，《中國近代兵器工業檔案史料》，冊3，頁1251；曾祥穎，《中國近代兵工史》，頁160。

〔註31〕《國府公報》，號9，頁10～11。

具有相當程度的妥協性，顯示當時兵工廠爲軍政勢力所有的的風氣仍盛。

隨著北伐進展，國民革命軍各勢力對新接收兵工廠仍有支配控制行爲。例如民國 15 年（1926）9 月佔領的漢陽兵工廠，名義上歸國府軍事委員會管轄；〔註32〕但先被唐生智掌控；〔註33〕後又受廣西勢力指揮。〔註34〕直到北伐結束，才由軍政部兵工署接管。國府重心移到華中地帶後，廣東兵工廠也轉由粵軍勢力把持。〔註35〕國府對各兵工廠既不易統籌協調，也無法有效支配產品，就整體戰略而言絕非理想狀態。

2、軍火品質欠佳，缺乏產砲能力

廣西兵工廠無法生產正規步槍與子彈，遂以俗稱「土打」的土造槍枝與復裝子彈裝備軍隊。「土打」多爲前膛或單發步槍，品質精度不佳，亦不耐用。復裝子彈則爲購自香港的第一次世界大戰廢彈頭、彈殼，在取得裝藥來源後，加工重裝爲子彈。〔註36〕這兩者絕非理想的作戰武器。至於民國 16 年（1937）佔領的上海兵工廠，所造子彈有藥夾中斷、夾口破裂、火帽脫落等缺點；機關槍發生機芯和節套破裂、不能連發等故障情形。〔註37〕由此可見其原先品管不夠嚴謹，良品率不高。

當時主要重型武器是火砲，受限於產砲能力不足，國民革命軍砲兵實力在各軍系中更是薄弱，如表 1 所示：

表 1：北伐前軍政主要派系火砲與兵員比例估計表

派 系	火砲數（門）	兵員數（千人）
張作霖	390	190

〔註32〕〈湖北槍砲廠〉，中國近代兵器工業編審委員會編，《中國近代兵器工業：清末至民國的兵器工業》，頁 163。

〔註33〕唐生智藉機將所部從 1 軍擴編爲 4 軍。李宗仁口述，唐德剛撰，《李宗仁回憶錄》，上冊，頁 279。

〔註34〕重檔，21 廠總 86 目 1～3 卷，194802，〈兵工署前第一工廠廠史〉，中國近代兵器工業檔案史料編委會編，《中國近代兵器工業檔案史料》，冊 3（北京：兵器工業出版社，1993 年），頁 1174～1175。

〔註35〕18 年 6 月召開兵工會議時，廣東兵工廠並無派員參加，可見兵工署並未建立直轄關係。〈兵工會議昨日開幕〉，《中央日報》，1929 年 6 月 16 日，版 1。

〔註36〕黃紹紘，〈新桂系崛起與兵工事業的關係〉，中國近代兵器工業編審委員會編，《中國近代兵器工業：清末至民國的兵器工業》，頁 379。

〔註37〕陳修和，〈有關上海兵工廠的回憶〉，中國兵工學會兵工史編輯部編，《兵工史料》，輯 2，頁 156。

派　系	火砲數（門）	兵員數（千人）
吳佩孚	280	210
孫傳芳	384	157
國民軍	204	130
廣州政府軍	66	90
總計	1,324	777

資料來源：切列潘諾夫著，中國社會科學院近代史研究所翻譯室譯，《中國國民革命軍的北伐：一個駐華軍事顧問的札記》（北京：中國社會科學院近代史研究所，1981年），頁406。

由表1可知，吳佩孚、孫傳芳以至張作霖的軍隊，都配備遠較國民革命軍優越的砲兵。對此國民革命軍要求官兵以散開衝鋒、夜戰等方式，克服砲火威脅。〔註38〕可見其對強化砲兵反制敵人並不積極，只希望以替代方法抵銷敵軍火力，減少傷亡。

3、彈藥不足

北伐期間，國民革命軍始終存在彈藥數量不足問題。前述廣西復裝子彈產量有限，以至廣西軍隊常為彈藥不足所苦，對於俘虜敵軍裝備及兵工廠更是高度期望。〔註39〕廣東兵工廠北伐前子彈月產量約100萬發。〔註40〕若每名士兵參加戰役的基數是250發，廣東兵工廠約可裝備4,000人，且未包括耗彈量大的機關槍。〔註41〕考量民國15年（1926）國民革命軍有10萬以上兵力，〔註42〕其產量顯難供應全軍所需。

〔註38〕 歐振華，《北伐行軍日記》（臺北：文海出版社，1977年），頁265～266。
〔註39〕 白崇禧曾就彈藥問題回覆將領：「革命軍之補給靠前方，不能靠後方。打敗敵人，敵人之裝備，便是我們之補給。何況打下武漢，漢陽之兵工廠取之不盡，用之不竭。」反映國民革命軍人之普遍思維。白崇禧口述，郭廷以校閱，賈廷詩、馬天綱、陳三井、陳存恭訪問，《白崇禧先生訪問記錄》，上冊（臺北：中央研究院印代史研究所，1984年），頁41。
〔註40〕 孫毓棠，《中國近代工業史資料》（臺北：文海出版社，1979年），頁209、232～233、236。
〔註41〕 子彈基數250發，是根據蘇聯軍事顧問1927年的記載所得，然而真正能每槍配彈250發的軍隊並不多。切列潘諾夫著，《中國國民革命軍的北伐：一個駐華軍事顧問的札記》，頁190、514。
〔註42〕 王正華，〈北伐前國民革命軍有形戰力之評估〉，《現代中國軍事史評論》，期5（1988年4月），頁72～73。

表 2：1917～1929 年國內主要兵工廠子彈產量表

廠　　名	生產彈藥	時　　期	數　　量
廣東兵工廠	各式槍彈	北伐之前	每月 100 萬發
	各式槍彈	1924～1929.6	51,437,156 發
上海兵工廠	各式槍彈	1927	每月 280 萬發
	各式槍彈	1928.4	每月 450 萬發
金陵製造局	7.9 毫米圓頭槍彈	1927	544 萬發
	7.65 毫米衝鋒槍彈	1927	8 萬發
上海兵工廠金陵分廠	7.9 毫米槍彈	1928.3～1929.5	1,656 萬發
	7.65 毫米衝鋒槍彈	1928.3 月～1929.5	7 萬發
四川兵工廠	各式槍彈	1917	每月百萬餘發
漢陽兵工廠	各式槍彈	1917	年產 6,000 萬發
	各式槍彈	1926.9	日產 7 萬餘發
	七九步槍彈	1922～1927	34,677 萬發
	七九機關槍彈	1922～1927	798 萬發
	六八尖頭彈	1922～1927	3,992 萬發
	手槍彈	1922～1927	6,435,000 發
太原兵工廠	各式槍彈	1921	月產 2.4 萬餘發
	各式槍彈	1924	月產 30 萬發
德縣兵工廠	七九步槍彈	1917	年產 1,200 萬發
	六八尖頭彈	1917	年產 1,200 萬發
山東兵工廠	各式槍彈	1925～1928	月產 120 萬發
奉天兵工廠	6.5 毫米槍彈、7.9 毫米槍彈	1921～1928	月產 900 萬發，後增至 1,500 萬發。日產可達 40 萬發

參考資料：魏允恭，《江南製造局記》，卷 4（臺北：文海出版社，1969 年），頁 84；
孫毓棠，《中國近代工業史資料》，頁 209、232～233、236；中國近代兵
器工業編審委員會編，《中國近代兵器工業：清末至民國的兵器工業》，
頁 143～144、151、163、167～168、174；《兵工史料》，輯 2，頁 150。

　　隨北伐進展，漢陽、上海、金陵等廠先後為國民革命軍掌握，並以子彈為生產重點。〔註43〕然因國民革命軍在北伐期間持續擴編，彈藥需求量也隨之擴大。以第一與第四集團軍論，前者在北伐結束時至少有 50 萬人，〔註44〕後者民國 17 年（1928）10 月也有 25 至 30 萬人，擁槍 15 餘萬枝。〔註45〕然根據表 2，國府各廠子彈月產總量應在 1,000 萬發以內，實難充分供應。〔註46〕

　　再以砲彈來說，漢陽、上海二廠能生產 75 毫米砲彈。〔註47〕但從民國 16 年（1927）國民革命軍控有漢陽兵工廠半年後，北伐東路軍的每門火砲仍平均只有 50 到 57 枚砲彈來看，推估其產量不足，以致砲兵火力仍未見起色。〔註48〕當時國內能生產砲彈的主要兵工廠，如東三省、太原等廠，始終不是由國府控制，東三省兵工廠甚至被奉系掌控。〔註49〕國民革命軍的砲彈不足問題，更形雪上加霜。

　　國民革命軍對子彈不足的因應辦法是調整分配比重，例如只將主力部隊配滿一個作戰基數 250 發或甚至更多的彈藥。〔註50〕火砲則作零星使用，拖到開闊陣地直接射擊用來攻堅，而較少以間接射擊方式作火力支援。〔註51〕與敵人接觸時，放彈不到 3、4 粒即行衝鋒，更成為國民革命

〔註43〕〈兵工廠加工趕造軍械〉，《中央日報》，1928 年 4 月 16 日，版 7；〈上海兵工廠趕製手榴彈每日至少出萬五千枚〉，4 月 24 日，版 2；〈金陵製造局〉，中國近代兵器工業編審委員會編，《中國近代兵器工業：清末至民國的兵器工業》，頁 143～144。

〔註44〕劉鳳翰，《戰前的陸軍整編——附九一八事變前後的東北軍》，（臺北：國防史政編譯室，2002 年），頁 2。

〔註45〕黃嘉謨編，《白崇禧將軍北伐史料》（臺北：中央研究院近代史研究所，1994 年），頁 410。

〔註46〕子彈數的統計，係根據表 2 估算得來。

〔註47〕〈兵器發展概況〉，中國近代兵器工業編審委員會編，《中國近代兵器工業：清末至民國的兵器工業》，頁 63～64。

〔註48〕切列潘諾夫著，《中國國民革命軍的北伐：一個駐華軍事顧問的札記》，頁 190、514。

〔註49〕東三省兵工廠有日產 4,000 發砲彈的能力。王鐵漢，《東北軍事史略》（臺北：傳記文學出版社，1982 年），頁 43。

〔註50〕周至柔，〈北伐追憶〉，國防部史政編譯局編，《北伐統一五十週年紀念特刊》（臺北：國防部史政編譯局，1978 年），頁 227。

〔註51〕郭沛一，〈迷霧中的士兵：1920 年代〉，臺北：臺灣大學歷史學研究所碩士論文，2002，頁 64；陳志讓，《軍紳政權》（桂林：廣西師範大學出版社，2008 年），頁 91。

軍的常用戰法。〔註52〕然而在面對軍火配備精良的敵人時，仍會處於不利處境。民國 16 年（1927）河南戰役，國民革命軍每槍平均只有 50 發子彈，在以奉軍爲主體的「安國軍」火力洗禮下，幾天內陣亡 7,000 人以上。〔註53〕若長期缺乏充足軍火作爲戰力基礎，必將造成官兵的沈重傷亡，影響軍隊戰力。

（二）上海兵工廠接管經驗的影響

民國 17 年（1928）11 月 11 月，國府行政院軍政部兵工署成立。〔註54〕根據〈軍政部兵工署條例〉規定，兵工署掌管國家兵工及關於兵工之一切建設事宜。〔註55〕這項規定一方面呼應前述的軍火供需問題，另一方面則是經由上海兵工廠接管經驗所促成。

民國 16 年（1927），國民革命軍控制上海後，接管上海兵工廠，除在既有的總務處、工務處外增加政治部和工會兩個組織外，大致維持原先組織架構，如圖 3 所示。

〔註52〕 這是北方軍人所不常用的戰術，以其不肯輕於冒險犧牲也，但南方國民革命軍彈藥較爲缺乏，也是事實。見簡又文，《西北從軍記》（臺北：傳記文學出版社，1982 年），頁 56。

〔註53〕 切列潘諾夫著，《中國國民革命軍的北伐：一個駐華軍事顧問的札記》，頁 549。

〔註54〕 王國強，《中國兵工製造業發展史》，頁 85。

〔註55〕 〈中央執行委員會政治會議議決通過軍委會所擬系統表及各條例咨請國民政府遵行〉，〈國防部組織法令案（一）〉，《國府檔案》，國史館藏，典藏號：001－012071－0314，入藏登錄號：001000001167A，1928 年 11 月 21 日，001012071314005a。

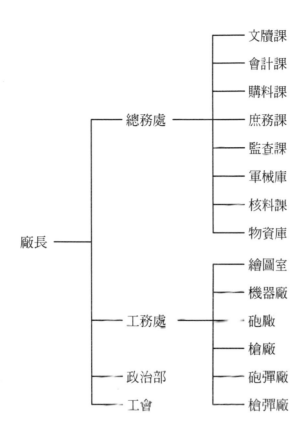

圖 3：1927 年上海兵工廠組織圖

資料來源：陳修和，〈有關上海兵工廠的回憶〉，《兵工史料》，輯 2，頁 144～146。

　　民國 16 年（1927）4 月，石瑛（1878～1943）主持上海兵工廠。〔註56〕石瑛是同盟會時期的國民黨人士，曾在英國學習海軍軍械製造與礦冶，自民國 15 年（1926）便擔任廣東石井兵工廠工程師。〔註57〕石瑛雖為資深國民黨員，但他的政治立場屬於西山會議派，〔註58〕並因而與中央產生若干分歧。再者，石瑛非軍人出身，和身兼軍事委員會主席、第一集團軍總司令的蔣介石也缺乏淵源；以蔣的立場來說，位於勢力範圍內並能直接控制的上海

〔註56〕　〈蔣中正電郭泰祺已委石瑛為上海兵工廠廠長速催其到任〉，〈籌筆——北伐時期（七）〉，《蔣檔》，國史館藏，典藏號：002－010100－00007－038，入藏登錄號：002000000007A，1927 年 4 月 21 日，0020101000007038001a。

〔註57〕　徐友春主編，《民國人物大辭典》，上冊，頁 146。

〔註58〕　民國 14 年 11 月 23 日，反對聯俄容共的國民黨人士，於北京西山舉行國民黨第一屆第四次中央執行委員會全體會議，公開反對當時國民黨聯俄容共路線，與會者被稱為西山會議派。郭廷以，《中華民國史事日誌》，冊 1，頁 948。

兵工廠，應以自己能充分信任，又對軍隊運作較了解者擔任為宜，但仍起用具有兵工知識背景之人士。〔註59〕

　　廠內新增的政治部與工會，後來更成為影響生產的亂源。上海兵工廠政治部直屬於國民革命軍司令部總政治部，主要工作是組織工人，監視工會，以及防止共黨活動，主任由黃埔系軍官擔當，人事與經費由南京方面主管，廠長對其只有指導權。石瑛任內，由於國民黨內派系之爭，政治部與廠長存在許多矛盾，不時利用工人反對石瑛的領導；石瑛亦利用蔣介石下野期間排擠政治部，甚至武力鎮壓工人運動。〔註60〕民國16年（1927）10月下旬，上海兵工廠爆發工潮，起因在於石瑛藉口經費困難，停止夜工，使工人生活發生影響，因之互相衝突。〔註61〕

　　民國17年（1928）3月5日，國府軍事委員會令張羣（1889～1990）代理上海兵工廠長，4月23日正式任命為廠長。〔註62〕張羣畢業於日本士官學校砲科，留日期間加入同盟會，民國成立後陸續擔任過浙江省督署參謀、廣州軍政府大元帥府參軍、河南省警務處長兼開封市警察廳長等職務。〔註63〕民國14年（1925）應蔣介石之邀到廣東，次年（1926）任國民革命軍總司令部總參議兼軍事委員會委員，寧漢分裂後隨蔣下野離職，民國17年（1928）再隨蔣回任國民革命軍總司令部總參議。〔註64〕張羣除具有與蔣介石的長期熟識與信任關係，由於常擔任高級軍職，對軍隊運作模式與需求有相當了解，再加上同盟會時期即已入黨，擔任公職的經驗也尚稱豐富，這些應該都是他能出掌軍火生產工作的主要原因。

　　若以專業學經歷來說，張羣是日本士官學校砲科畢業，沒有擔任兵工廠

〔註59〕　民國16年軍中黃埔學生因作戰需要，常提請蔣注意上海、南京二廠；後遂以親信張羣擔任上海兵工廠廠長。陳修和，〈有關上海兵工廠的回憶〉，中國兵工學會兵工史編輯部編，《兵工史料》，輯2，頁148。

〔註60〕　陳修和，〈有關上海兵工廠的回憶〉，中國兵工學會兵工史編輯部編，《兵工史料》，輯2，頁146～147。

〔註61〕　〈上海兵工廠工潮〉，《國府檔案》，國史館藏，典藏號：001－073111－0001，入藏登錄號：001000005736A，1927年10月25日～11月3日，001073111001001a～001073111001024a。

〔註62〕　兵工廠長就職〉，《中央日報》，1928年3月6日，版7；《國府公報》，期52，頁3。

〔註63〕　張羣口述，陳香梅筆記，《張羣先生話往事》（北京：中國友誼出版公司，1992年），頁102。

〔註64〕　張羣口述，陳香梅筆記，《張羣先生話往事》，頁24、102。

職務的經驗，雖不甚符合兵工廠長的條件需求，但民初以來軍人接掌兵工廠的例子並不少見，且以砲科出身爲佳。〔註65〕這點可能是看重砲科軍官比其他兵科更熟悉機械原理，而且在校學科成績較佳的特點，認爲他們較能勝任兵工廠生產事宜。從張羣的就職典禮來看，出席者有海軍總政治部主任林知淵、外交部長黃郛等軍政要人，場面盛大。〔註66〕除可知國府對上海兵工廠的重視，張羣的身分與人脈也可見一斑。

張羣就職後，民國17年（1928）3月軍事委員會將金陵機器局歸併於上海兵工廠，改名爲上海兵工廠金陵分廠；後再將上海煉鋼廠併入上海兵工廠，使上海兵工廠總規模擴大許多，這些其實都由張羣主導。〔註67〕同年5月，再以節省經費爲由，將福州兵工廠併入上海兵工廠，陸續接收其機器設備。〔註68〕如此將2個以上兵工廠合併直轄，可視爲戰時整合生產資源的應急措施，開日後兵工署直轄各廠之先河。張羣並對工廠組織作出調整，增設技術委員會，目的除了改進生產外，並藉此掌控廠內的主要技術人員；政治部與工會則遭到撤銷，以免再引起紛爭。〔註69〕調整後的上海兵工廠組織如圖4所示。

張羣就任上海兵工廠長後，將生產重點放在彈藥上。自民國17年1（1928）4月下旬，以行政壓力與增加工錢雙管齊下的方式，開雙工半生產，以增加槍彈產量爲原先2倍爲目標；〔註70〕星期日照常開工，每天造彈15

〔註65〕例如張作霖時期的東三省兵工廠總辦楊宇霆（1886～1929），也是日本陸軍士官學校砲科畢業。閻寶海，〈楊宇霆先生墓碑銘〉，國史館編，《國史館現藏民國人物傳記史料彙編》，輯24（臺北：國史館，2001年），頁453。

〔註66〕〈兵工廠長就職〉，《中央日報》，1928年3月6日，版7。

〔註67〕重檔，兵工署50廠4目256卷，19350325，〈第三工廠前身上海煉鋼廠史料〉，中國近代兵器工業檔案史料編委會編，《中國近代兵器工業檔案史料》，冊3，頁1180；陳修和，〈有關上海兵工廠的回憶〉，中國兵工學會兵工史編輯部編，《兵工史料》，輯2，頁149～150。

〔註68〕〈福州兵工廠改組已由中央收回辦理直隸於軍事委員會〉，《中央日報》，1928年5月30日，版5；〈福州兵工廠併入滬廠原因原係分廠可節經費〉，9月18日，版10。

〔註69〕陳修和，〈有關上海兵工廠的回憶〉，中國兵工學會兵工史編輯部編，《兵工史料》，輯2，頁150～151。

〔註70〕廠內通常爲單工生產，而最高峰爲開雙工，理論產量接近單工的兩倍。陳修和，〈有關上海兵工廠的回憶〉，中國兵工學會兵工史編輯部編，《兵工史料》，輯2，頁153～154。

～16 萬發，並規定日產 15,000 枚手榴彈。〔註71〕在張羣的應急措施下，槍彈的月產量從原先 300 萬發增至 450 萬發以上。〔註72〕基本上已能滿足前線作戰的需求。

　　民國 17 年（1928）10 月，張羣擔任軍政部政務次長，〔註73〕11 月建議於軍政部設置兵工署，爲統理全國兵工及一切有關兵工各項建設事宜之技術機關，張羣並自兼署長，此爲我國史上設立中央兵工生產專責機構之開始。〔註74〕國府在接收上海兵工廠過程中，逐步確立未來軍火生產統籌機構的特性。主官由黨政軍高層充分信任的人士出任，其能力以管理規劃爲優先考量；以直轄管理掌控各廠，整合生產以提高效率，撤銷有礙生產效率的內部組織；積極統合技術人才，並注重他們在整個軍火生產體系中的流通性。這些都成爲後來成立兵工署所要求的目標。

〔註71〕　〈兵工廠加工趕造軍械〉，《中央日報》，1928 年 4 月 16 日，版 7；〈上海兵工廠趕製手榴彈每日至少出萬五千枚〉，4 月 24 日，版 2。

〔註72〕　陳修和，〈有關上海兵工廠的回憶〉，中國兵工學會兵工史編輯部編，《兵工史料》，輯 2，頁 150。

〔註73〕　《國府公報》，期 8，頁 3。

〔註74〕　〈中華民國開國後之兵工生產沿革〉，聯勤總部生產署四週年紀念刊編委會編，《聯勤總部生產署四週年紀念刊》，頁 206。

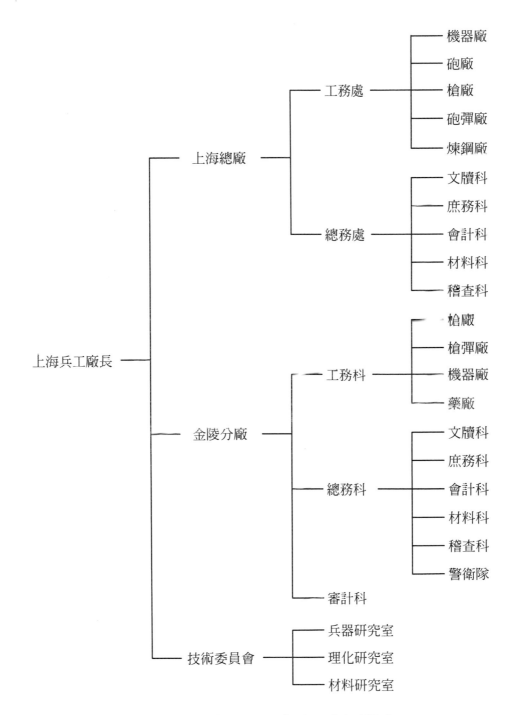

圖 4：1928 年 9 月上海兵工廠組織圖

資料來源：陳修和，〈有關上海兵工廠的回憶〉，中國兵工學會兵工史編輯部編，《兵
工史料》，輯 2，頁 153。

三、兵工署成立的意義

（一）「兵工」與兵工署的建立

民國肇建以來，我國對軍火生產業務的管理，北洋政府主要由陸軍部軍械司負責；國民革命軍北伐前由軍事委員會軍械處負責，北伐結束後軍事委員會與軍械處取消，陸軍署繼續維持軍械司的編制，但在軍政部下新設兵工署掌理軍火生產事宜。對照前述十九世紀以來「兵工」的定義，便可得知端倪。由於北洋時期設置的軍械司與兵工督辦處，均無法有效發揮管理全國性兵工生產的功能；而北伐期間國府面臨的兵工管理問題，以及接管上海兵工廠的經驗，促使國府在北伐結束後，對軍火生產企圖採以全國視角通盤規畫。自兵工署設立後，中國的軍火生產事業，才真正和外國「兵工」原先的專業導向接軌，也才有進一步發展的可能性。

（二）兵工署之重要性

回顧民國 16 年（1927）6 月 18 日，北洋政府公布〈中華民國軍政府組織令〉，在國務院增設軍事部，將以前參謀、陸軍、海軍三部及航空署，歸併軍事部管理。〔註 75〕這在當時的國內，是一種創新的作法。特點在於將原先陸軍、海軍等部納歸到軍事部下統一管轄，可避免本位主義、各行其是，並能促進彼此的協調性。至民國 17 年（1928）4 月 3 日，北洋政府再將軍事部改組為軍政署，仍將參謀、陸軍、海軍、空軍等作戰相關之署劃歸其內。〔註 76〕在此架構下，軍械司仍隸屬於陸軍署。組織系統如圖 5。

〔註 75〕 楊家駱主編，《中華民國職官年表》（臺北：鼎文出版社，1978 年），頁 54、106～107。

〔註 76〕 楊家駱主編，《中華民國職官年表》，頁 54、106～107。

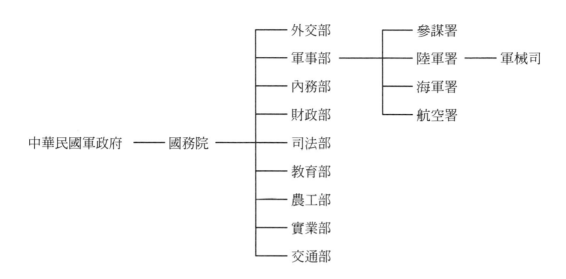

圖 5：1927 年 6 月北洋政府國務院軍事部組織圖

資料來源：〈中華民國（北京）政府中央機構建制表五（1927.6～1928.6）〉，徐友春主編，《民國人物大辭典》，下冊，頁 2863。

　　至民國 17 年（1928）完成北伐，國府進入訓政時期，設置五院；爲統一軍政軍令，整軍建軍，遵照二屆中央執行委員會第五次會議，議決於行政院下設軍政部。〔註77〕而根據民國 17 年（1928）11 月 21 日公布〈國民政府行政院軍政部條例〉，正式規定軍政部職責及組織，明定軍政部直隸於行政院，掌管全國陸、海、空軍行政事宜，下設總務廳，以及陸軍署、海軍署、航空署、軍需署、兵工署和審查處。〔註78〕

　　就架構上探討，軍政部的概念，與北洋政府後期設置的軍事部與軍政署頗爲相似，基本上可以算是北洋政府後期中央軍事機構改制的延續，但原先的署數較少，國府則新設兵工署統籌軍火生產業務，而非由繼續陸軍署軍械司負責，代表其認知到必須增設專責機構，使軍政部有完善的分工。兵工署

〔註77〕　〈中央執行委員會政治會議議決通過軍委會所擬系統表及各條例咨請國民政府遵行〉，〈國防部組織法令案（一）〉，《國府檔案》，國史館藏，典藏號：001－012071－0314，入藏登錄號：001000001167A，年 11 月 21 日，00101207 1314005a。

〔註78〕　〈制定國府行政院軍政部條例明令公布並通飭施行〉，〈國防部組織法令案（一）〉，《國府檔案》，國史館藏，典藏號：001－012071－0314，入藏登錄號：001000001167A，1928 年 11 月 21 日，0010120713140 18a－0010120713 14023a。

獨立設置，一方面可避免其及所屬機構如兵工廠，再次被特定軍種矮化爲一般軍事單位，再者由於地位較軍械司提升，更加獨立，有利其專業屬性的發揮。

北伐以後，國府將管理軍火生產的兵工署單獨設立，並且提升到與各軍種行政主管機關同級的地位，如此安排的主要原因，在於此時全國兵工廠的數量與規模，已比民初成長許多，因此有設立新機構的必要。在各軍種分立的前提下，原由陸軍部軍械司管理軍火生產事宜的作法已不合時宜；將兵工署單獨設立，按照各軍種的需求，責令各廠生產軍火供應之，在責任分工上更能收正本清源之效。

兵工署的建立，更反映國府對建立與各廠直轄關係的需求與希望。原先中央政府只能停留在控制主要兵工廠的程度，無力顧及全國兵工生產的整體性。北伐後全國名義上既已統一，即應對各兵工廠進行整合，不宜重演軍閥擁廠自重的局面。當時輿論也頗能反映這種思維，如民國 18 年（1929）4月朱維琮〈兵工廠之存廢問題〉指出，兵工廠助長殘殺，統一後實不應存在，但爲鞏固國防，仍應設法擴大、改組與歸併。〔註79〕由兵工署的設立來看，整合全國兵工生產，實爲國府相當重視的工作。

第二節　組織架構的演變

一、民國 17～20 年（1928～1931）的組織架構

根據〈國民政府公布軍政部條例令〉，兵工署於民國 17 年（1928）11 月11 日成立，下設總務科、設計科、檢驗科、監察科。〔註80〕各科職責如下：
（一）總務科：關於機密文電擬稿、典守印信、文電收發保管及署之庶務及會計等事項。
（二）設計科：關於槍砲彈藥制式、兵器設計及統計、籌畫與兵工有關之建設、要塞備砲、兵器材料及火藥原料分配事項。

〔註79〕朱維琮，〈兵工廠之存廢問題〉，《中央日報》，1929 年 4 月 19 日，版 11。
〔註80〕〈制定國府行政院軍政部條例明令公布並通飭施行〉，〈國防部組織法令案（一）〉，《國府檔案》，國史館藏，典藏號：001－012071－0314，入藏登錄號：001000001167A，1928 年 11 月 21 日，0010120713140018a－0010120713140023a。

（三）檢驗科：關於各廠出品、材料原料及與兵工有關之各種建設之檢驗事
　　　　　　項。

（四）監察科：關於各廠局出品之交付、內部管理行政、原料購進與廢物變
　　　　　　賣事項。〔註81〕

　　根據圖6，相較於陸軍署有6個司，軍需署有4個司，兵工署成立之初，
只設有4個科而沒有處與司，除了部門數少，組織規模也較小；但與北洋政
府軍械司時期相比，仍是一大突破。國府將軍械司設於陸軍署，主要掌管原
先的軍火生產成品的分配與儲存；非軍火類補給品的籌措、存儲與分發，則
是軍需署的業務。這種分工方式，對於提升兵工署的專業性有相當幫助。但
署的最上層只有正副署長，要直接指揮4科與各兵工廠、兵工學校、兵工委
員會等單位，而沒有一個類似本部的機構協助其處理各種必要的行政程序，
如此可能會使整個兵工署的運作不夠順暢，缺乏效率。而職責屬於行政指導
及服務的各科與兵工廠、兵工學校、兵工委員會等單位間，由於處於並列式
的組織架構下，容易有缺乏協調、各行其是的問題。

　　分析〈國民政府公布軍政部條例令〉所列各科工作項目，兵工署內的職
責分工，比起北洋政府軍械司更具體明晰，但限於科數仍少，而科是公務機
關內部的中低層行政單位，各科之內的職責歸類不免失之凌亂，而這是組織
過於扁平化導致的結果，可能影響職能的充分發揮。但根據軍政部考量，鑑
於兵工署的設置，在我國尚屬首創，因此在規模上先力求狹小，擬有相當成
績後再行擴充。〔註82〕

〔註81〕　〈軍政部兵工署條例草案〉，〈國防部組織法令案（一）〉，《國府檔案》，國史
　　　　館藏，典藏號：001－012071－0314，入藏登錄號：001000001167A，1928
　　　　年11月21日，001012071314078a～001012071314083a。
〔註82〕　〈據軍政部呈擬兵工署新組織草案暨兵工官佐待遇表並規定試行期間一案
　　　　轉呈備案由〉，〈國防部組織法令案（二）〉，《國府檔案》，國史館藏，典藏號：
　　　　00201－0171－0315，入藏登錄號：001000001168A，1933年9月29日～10
　　　　月9日，001012071315100a。

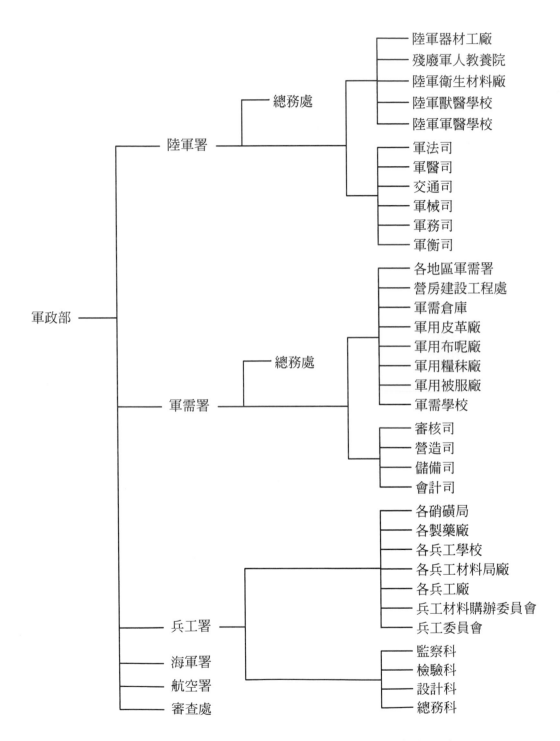

圖 6：1928 年 11 月 21 日行政院軍政部及陸軍署、軍需署、兵工署
相關組織圖

備註：因海軍、航空、審查處並非本研究探討的對象，故略去其組織表。

資料來源：〈國民政府行政院軍政部條例草案　附編制表〉，〈國防部組織法令案

　　　　（一）〉，《國府檔案》，國史館藏，典藏號：001－012071－0314，入藏登

　　　　錄號：001000001167A，1928 年 11 月 21 日，001012071314035m－0010

　　　　12071314036m。

二、民國 20～23 年（1931～1934）的組織調整

　　民國 20 年（1931）發生九一八事變，促使國府軍火生產佈局作出重大
變更。爲因應時局，國府恢復北伐後取消的軍事委員會，統一軍政、軍令，
以抗日禦侮爲國防建設目標，由軍事委員會全盤籌畫。〔註83〕軍政部改隸軍
事委員會，仍爲國防後勤之最高機構。〔註84〕民國 21 年（1932）3 月 4 日，
於洛陽召開國民黨四屆二中全會，確立長期抗日方針，國防、兵工方面的議
定爲：確實施行軍事委員會所定全國防衛計畫；全國軍隊應以國防爲主目
的，剿匪爲副目的，同時並當積極改進，務適於國防之用；以科學的應用，
求武器及兵工材料之充實。〔註85〕此時正值國難當前，當局利用此重要會議
場合凝聚共識，做出宣示。後來的兵工措施，基本上均依循此次議定的精神，
賡續辦理。

　　由於兵工署原有組織規模已不敷分配，且原先規畫未盡妥善，各種計畫
未能一一見諸實現；再加上兵工事業，日新月異，因而參照各國兵工組織，
斟酌國情，擬定新組織草案。〔註86〕民國 22 年（1933）5 月 16 日兵工署就

〔註83〕　國民革命建軍史編纂委員會撰述，朱瑞月編，《國民革命建軍史》，部 2（臺
　　　　北：國防部史政編譯局，1992 年），頁 58、315。

〔註84〕　國民革命建軍史編纂委員會撰述，朱瑞月編，《國民革命建軍史》，部 2，頁
　　　　315。

〔註85〕　〈孫委員科等所提確定長期抗日方針案〉，〈中國國民黨四屆二中全會軍政案
　　　　（一）〉，《國府檔案》，國史館藏，典藏號：001－070000－0023，入藏登錄
　　　　號：001000005508A，1932 年 3 月 4 日～11 日，001070000023003a－00107
　　　　0000023
　　　　018a。

〔註86〕　〈據軍政部呈擬兵工署新組織草案暨兵工官佐待遇表並規定試行期間一案
　　　　轉呈備案由〉，〈國防部組織法令案（二）〉，《國府檔案》，國史館藏，典藏號：
　　　　00201－0171－0315，入藏登錄號：001000001168A，1933 年 9 月 29 日～10
　　　　月 9 日，001012071315100a－001012071315104a。

擴大組織向軍事委員會提案。〔註87〕同年 9 月 29 日軍政部將兵工署新組織
草案轉呈行政院，奉准自 10 月 1 日起試行一年。〔註88〕如圖 7 所示，與民
國 17 年（1928）〈軍政部兵工署條例草案〉比較，民國 22 年（1933）的〈兵
工署組織條例〉充實上層機構，將原先屬於總務科的部分職責劃給獨立建置
的署本部，使其具備協助署長管理全署的地位與功能；並將署本部以下的一
級行政單位提升為司，架構比照他署，得以正常化；司以下的科、處、課等
單位，也有詳細的分工與規定，其下視需要設股或組，有利於行政效能的提
升。〔註89〕

〔註87〕 〈朱孔揚電蔣中正兵工擬擴大組織此案是否經奉鈞座核准乞示遵〉，〈一般
資料——民國二十二年（十七）〉，《蔣檔》，國史館藏，典藏號：002－080200
－00087－054，入藏登錄號：002000001476A，1933 年 5 月 16 日，0020802000
87054001a。

〔註88〕 〈據軍政部呈擬兵工署新組織草案暨兵工官佐待遇表並規定試行期間一案
轉呈備案由〉，〈國防部組織法令案（二）〉，《國府檔案》，國史館藏，典藏號：
00201－0171－0315，入藏登錄號：001000001168A，1933 年 9 月 29 日～10
月 9 日，001012071315099a－001012071315107a。

〔註89〕 關於民國 22 年〈兵工署組織條例〉條文內容，請參閱附錄四。

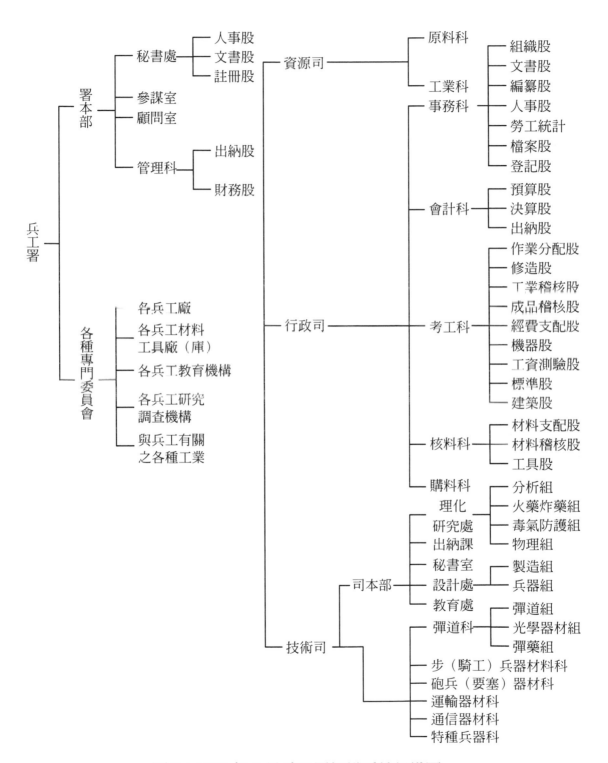

圖 7：1933 年 9 月兵工署組織系統組織圖

資料來源：〈據軍政部呈擬兵工署新組織草案暨兵工官佐待遇表並規定試行期間一案轉呈備案由〉，〈國防部組織法令案（二）〉，《國府檔案》，國史館藏，典藏號：00201－0171－0315，入藏登錄號：001000001168A，1933 年 9 月 26 日～10 月 9 日，001012071315168x－001012071315170x。

分析圖 7 中三司的組織架構，其中資源司下設有原料、工業 2 科，且不再設分支機構，組織最為精簡；行政司設事務、會計、考工、核料、購料等 5 科，其下共有多達 22 個股，分工細且涵蓋廣，主要負責與兵工相關之各種行政業務；技術司設司本部及彈道、步（騎工）兵器材料、砲兵（要塞）器材、運輸器材、通信器材、特種兵器等六科，以各種兵工技術為負責項目。為因應引進外國技術的需求，新組織條例為聘用外國顧問提供了依據；兵工委員會與兵工材料購辦委員會並未列於組織條例中，但兩者並未被取消，而是納入署本部轄下之各委員會中。於技術司設理化研究處、彈道科，則顯示此階段兵工署對於化學作戰防護與武器精密科學的進一步重視。較耐人尋味的是資源司的規模、結構，和行政、技術兩司並不對稱，似乎埋下了再次改組的伏筆。

三、民國 23～26 年（1934～1937）的組織架構調整

距離新組織表試行未滿 1 年，為因應國府自上而下的組織整合，兵工署再次進行組織調整。因陸軍署軍械司所轄戰地兵工業務與兵工署有連帶關係，為使軍械管理與製造便於銜接及增加效率起見，於民國 23 年（1934）7 月 1 日將軍械司歸併至兵工署。〔註 90〕民國 24 年（1935）4 月，國防設計委員會與兵工署資源司合併，易名資源委員會。〔註 91〕至此兵工署新增軍械司，並將資源司劃出。

〔註90〕 〈據軍政部呈為遵奉蔣委員長令飭將陸軍署軍械司歸併兵工署一案轉呈備案由〉，〈國防部組織法令案（二）〉，《國府檔案》，國史館藏，典藏號：00201－0171－0315，入藏登錄號：001000001168A，1934 年 6 月 29 日，001012071315176a－001012071315179a。

〔註91〕 民國 24 年 4 月，原參謀本部國防設計委員會與兵工署資源司合併，易名資源委員會，進行戰略資源調查研究，並推動重工業建設計畫；隸屬軍事委員會，位階與軍政部平行。程玉鳳、程玉凰編，《資源委員會檔案史料初編》（臺北：國史館，1984 年），頁 5；〈軍事委員會呈國民政府該會新組織大綱及系統表備查由〉，1935 年 2 月 26 日，周美華編，《國民政府軍政組織史料》，冊 1（臺北：國史館，1996 年），頁 59～62。

　　根據民國 24 年（1935）6 月 25 日軍政部公布〈軍政部組織法及編制草案〉，兵工署掌兵工技術、軍火製造、軍械行政事務，設署本部、製造司、技術司、軍械司，於同年 7 月 1 日施行。〔註92〕組織如圖 8 所示。

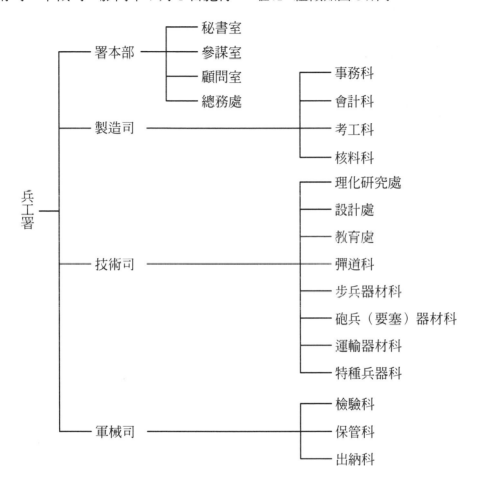

圖 8：1935 年 6 月兵工署組織表圖

資料來源：〈據呈為軍政部呈送該部組織法草案暫准施行限制辦法一案轉呈鑒核指令
　　　　　暫准備案由〉，附件五，〈軍政部編制表草案〉，〈國防部組織法令案（四）〉，
　　　　　《國府檔案》，國史館藏，典藏號：001－012071－0315，入藏登錄號：
　　　　　001000001170A，1935 年 7 月 2 日，001012071317133m。

〔註92〕　〈據軍政部呈送該部組織法草案暫准施行限制辦法案轉呈鑒核由〉，〈國防部
　　　　組織法令案（四）〉，《國府檔案》，國史館藏，典藏號：001－012071－0317，
　　　　入藏登錄號：001000001170A，1935 年 7 月 2 日，001012071317107a－0010
　　　　12071317110a。

　　署本部與各司職責也明文規定，重點如下：

（一）署本部設秘書室、參謀室、顧問室、總務處，掌管人事、公文書類、文庫管理、經費領支出納、軍事方面派遣聯絡、械彈價款保管周轉、技術咨詢與譯述、會計、庶務等相關事項。

（二）製造司分事務、會計、考工、核料四科，掌各廠、處、庫之組織、人事、勞工、財務經費，擬具作業計畫、工作分配、成品與成本稽核、機器設備及房產調查登記稽核等事項。

（三）技術司分理化研究、設計、教育三處及彈道、步兵器材、砲兵（要塞）器材、運輸器材、通信器材、特種兵器6科，掌兵器彈藥制式、設計改良、原料材料審檢研究、使用保管規定及說明書編纂、發明改良，以及技術人才養成等事項。

（四）軍械司分檢驗、保管、出納3科，掌各軍械庫之組織、人事、訓練、整建、預算事項，及械彈及軍用器材之出納、保管、修理、調查統計、審核、驗收、運輸、經費核擬與廢品處理等事項。〔註93〕

　　與民國22年（1933）改組相比，新的兵工署組織規範，具有更為詳細嚴密的分工規定。主要變更除了資源司的劃出外，重點在於技術司與新加入的軍械司。技術司下設理化研究、設計、教育3處與彈道、步兵器材、砲兵（要塞）器材、運輸器材、特種兵器等5科，〔註94〕原理化研究所改名理化研究處，研究工作由各單科研究所負擔，此為縱的管理；理化研究處與教育處則為橫的連繫，以備綜合各科之分別研究所得成績，而謀整體發展，交付製造司轉交有關兵工廠擔任生產之責。〔註95〕將署本部管理科改組為總務處，使其機能齊全，而製造司比起原行政司，減去購料科，依據前述署本部

〔註93〕〈據軍政部呈送該部組織法草案暫准施行限制辦法案轉呈鑒核由〉，附件三，〈軍政部組織法草案〉，〈國防部組織法令案（四）〉，《國府檔案》，國史館藏，典藏號：001－012071－0317，入藏登錄號：001000001170A，1935年7月2日，001012071317116a－001012071317118a。

〔註94〕由於通信器材科暫不設立，技術司實際上只有5個科。〈據軍政部呈送該部組織法草案暫准施行限制辦法案轉呈鑒核由〉，附件五，〈軍政部編制表草案〉，〈國防部組織法令案（四）〉，《國府檔案》，國史館藏，典藏號：001－012071－0317，入藏登錄號：001000001170A，1935年7月2日，00101207 71317133m。

〔註95〕〈中華民國開國後之兵工生產沿革〉，聯勤總部生產署四週年紀念刊編委會編，《聯勤總部生產署四週年紀念刊》，頁208。

與各司職責，購料科的職能應是併入了署本部總務處，如此則製造司職能較為專一單純，可使組織分工更為合理。

　　此後軍政部持續修正組織編制，至民國 26 年（1937）5 月 28 日，除了增設科別以外，兵工署的官佐員額也持續增加，〈修正軍政部編制表草案〉，其人員滿編時可多達 375 人，對於人力配置與整體效能發揮，均能進行更有效的配置；而總務處下分設財務、事務兩科，軍械司下改設總務、補充、庫儲、機械兵器、器材等 5 科，技術司增設工兵器材科，為比較主要的改變，分工因此更為合理，並能因應國府整軍備戰、購置與管理新式先進裝備的需求。〔註 96〕民國 26 年（1937）5 月的兵工署組織如圖 9 所示。

　　民國 26 年（1937）5 月 31 日，國府文官處對軍政部所提修正組織編制指出，擴充編制與人員將增加經費，且當中存有若干錯誤，故仍有保留。〔註 97〕經軍政部補正函復，6 月 19 日暫准備案。8 月 12 日，行政院通過軍政部修正組織法草案。〔註 98〕9 月 1 日由立法院檢送軍政部組織法及系統編制表，呈請鑒核公布施行。〔註 99〕此時七七事變已發生近 2 個月。

〔註 96〕〈據軍政部呈送修正組織法系統表暨編制表草案經提會通過轉呈鑒核備案由〉，〈國防部組織法令案（四）〉，《國府檔案》，國史館藏，典藏號：001－012071－0317，入藏登錄號：001000001170A，1937 年 5 月 28 日，0010120 71317138a－001012071317143x，001012071317167m。

〔註 97〕〈國民政府文官處第二科為軍政部修正組織編制簽請核示〉，〈國防部組織法令案（四）〉，《國府檔案》，國史館藏，典藏號：001－012071－0317，入藏登錄號：001000001170A，1937 年 5 月 31 日，001012071317168a－0010120713 17173a。

〔註 98〕〈呈請修正組織法系統表暨編制表草案內錯誤各點業經更正復請查照轉呈〉、〈據呈為據軍政部呈送修正該部組織法暨系統表編制表草案指令暫准備案由〉、〈據軍政部呈送修正組織法草案及系統編制表經提會通過呈請鑒核備案〉，〈國防部組織法令案（四）〉，《國府檔案》，國史館藏，典藏號：001－012071－0317，入藏登錄號：001000001170A，1937 年 6 月 8 日，6 月 19 日，8 月 12 日，001012071317178a－001012071317182a，001012071317213a －001012071317216a，001012071317217a－001012071317221a。

〔註 99〕〈呈送修正軍政部組織法及系統編制表各一份請鑒核公布施行〉，〈國防部組織法令案（五）〉，《國府檔案》，國史館藏，典藏號：001－012071－0318，入藏登錄號：001000001171A，1937 年 9 月 1 日，001012071318008a－0010 12071318013a。

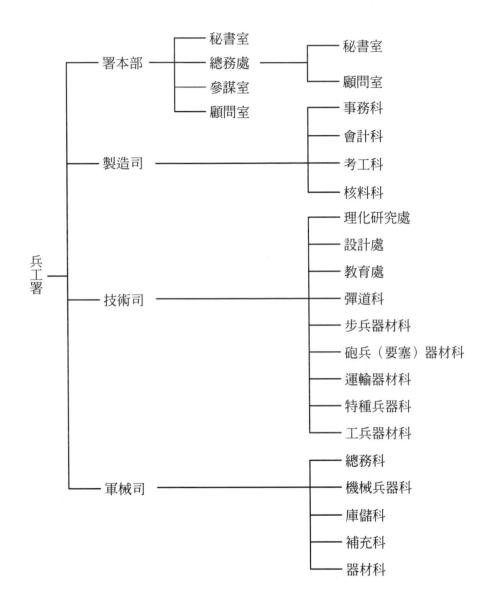

圖 9：1937 年 5 月軍政部兵工署組織圖

資料來源：〈據軍政部呈送修正組織法系統表暨編制表草案經提會通過轉呈鑒核備案
由〉，附件二，〈修正軍政部組織系統表草案〉，〈國防部組織法令案（四）〉，
《國府檔案》，國史館藏，典藏號：0010012071315，入藏登錄號：0010000
01170A，1937 年 5 月 28 日，0010012071317166m。

小結

　　我國軍火生產中央行政管理機構的沿革，是自晚清陸軍部軍械司成立開始，經過北洋政府軍械司、兵工督辦處的設置，至北伐結束於軍政部成立兵工署，方告初定。兵工署隸屬於軍政部，與陸軍、海軍等署平行，地位上較軍械司有所提升，職權不易再受到干預或忽略；後來隨著改組的進行，事權趨於完整，官佐員額得到擴充，自此可以顧及技術、管理、製造、補給等多面向的職責。考量到民初以來軍閥擁廠自重的風氣盛行，以及北伐時期軍火生產質量的不足，國府成立兵工署，更是進行軍火生產中央化，以及朝兵器工業專業導向發展的重要宣示，對於國家統一與國防規畫頗為重要。

　　兵工署組織架構的演變，自民國 17 年（1928）成立到民國 20 年（1931），可謂兵工署的草創階段，編制規模較小，且內部一級單位為較低階的科而非司，如此安排使兵工署的組織扁平化，影響到分工的落實；後由於業務擴張與組織調整的需要，以及九一八事變後日本入侵的影響，兵工署於民國 22 年（1933）進行第一次改組，透過充實署本部與將所屬一級單位升格為司的做法，完善組織，擴大分工範圍，職能漸趨完整，為兵工署的成長期；民國 24～26 年（1935～1937）為因應國府組織調整，將軍械司併入，並將資源司劃入資源委員會，至此兵工署的組織愈加合理化，朝向專業與技術本位發展，與身為軍火使用者的軍隊在銜接上也更為密切，為抗戰前兵工署組織發展的成熟期。〔註100〕兵工署組織功能的健全與擴充，對於國府的整軍備戰，具有相當重要的意義，也顯示國府對於日本的挑釁能夠有所回應。

　　兵工署附屬於軍政部組織之下，而軍政部組織法規在抗戰爆發前，並不是立法院通過、國府公布的正式法令，而是持續以「草案」、「暫行」等名義備案推行的暫時性規定。〔註101〕同樣的情形下，國府方面對於新創立的兵工署組織，在抗戰前持續花了近 9 年的時間研究，以期最佳方案的誕生；直

〔註100〕據聯勤總部觀點，1935 年改組後，兵工署分為製造、技術、軍械 3 司，與美國自二戰以來的兵工組織分成工業、研究發展及戰地勤務三大部分，不謀而合。〈中華民國開國後之兵工生產沿革〉，聯勤總部生產署四週年紀念刊編委會編，《聯勤總部生產署四週年紀念刊》，頁 208。

〔註101〕〈國民政府文官處第二科為軍政部修正組織編制簽請核示〉，〈國防部組織法令案（四）〉，《國府檔案》，國史館藏，典藏號：001－012071－0317，入藏登錄號：001000001170A，1935 年 5 月 31 日，0010120713171 68a－001012071317170a。

到民國 26 年（1937）6 月才敲定正式版本，同年 9 月立法通過施行。此刻國府與兵工署雖已面臨中日全面衝突的爆發點，但並不能說爲時已晚，畢竟國府與兵工署在戰爭前所能做的，就是盡可能爭取時間，改良組織與分工結構；國府不因爲立法的程序問題，擱置軍政部及所轄機構的組織業務調整，而能以變通方式一邊進行，一邊修正，這不失爲謹愼與效率兼具的方法。

第三章　兵工署所轄機構

　　兵工署所轄主要機關，除了兵工廠外，還包括負責存儲軍火的軍械庫，以及人才儲備與培育機構——兵工委員會與兵工學校。本章將分別對兵工署所轄兵工廠演變情形，軍械庫設置與運作情形，兵工委員會的組成與功能，以及兵工學校的興辦與成效進行探討。

第一節　兵工廠的演變情形

一、北伐結束時所轄兵工廠情形

（一）兵工署直轄各廠的調整經過

　　兵工署成立之初，所屬的上海兵工廠、漢陽兵工廠，都是北伐期間自軍閥手中佔領而來的，而這兩廠皆維持北伐時期大廠兼轄小廠的體制。組織架構如圖 10：

圖 10：1928 年 11 月兵工署所屬兵工廠組織圖

資料來源：中國近代兵器工業檔案史料編委會編，《中國近代兵器工業檔案史料》，冊
　　　　　3，頁 3、1174～1175、1180；中國近代兵器工業編審委員會編，《中國近
　　　　　代兵器工業：清末至民國的兵器工業》，頁 166、187～188。

　　北伐結束時，兵工署僅擁有兩座兵工廠，生產規模太小，鑑於國府與各
軍政勢力間的角力紛爭，當時國府的軍事重點主要在於對內，而各主要軍政
勢力又擁有頗具規模的兵工廠，因此國府必須加強對各地主要兵工廠的掌
控。民國 18 年（1929）4 月，陳儀任兵工署第二任署長，兵工署積極接收各
地兵工廠，對其建立直轄關係；而原先由大廠兼轄小廠的組織型態，也開始
調整。早在同年 3 月便以京滬遠隔，不便遙制，將金陵分廠獨立建制，更名為
金陵兵工廠，直屬於軍政部兵工署。〔註1〕山東省方面，民國 18 年（1929）5
月 5 日，國府從日軍手中接收濟南新城兵工廠。〔註2〕6 月 15 日，兵工署為謀
徹底軍事建設統一，於南京召開兵工會議，出席的兵工廠代表有新城、漢陽、
上海、金陵等四廠，皆已受兵工署直轄。〔註3〕此時兵工署直轄廠局如圖 11
所示：

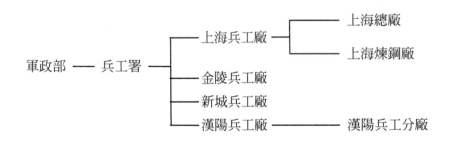

圖 11：1929 年 6 月兵工署所屬兵工廠組織圖

資料來源：中國近代兵器工業檔案史料編委會編，《中國近代兵器工業檔案史料》，冊
　　　　　3，頁 3、1180、1199～1200；中國近代兵器工業編審委員會編，《中國近
　　　　　代兵器工業：清末至民國的兵器工業》，頁 166、187～188。

〔註 1〕 重檔，21 廠總 86 目 1～3 卷，194802，〈聯合勤務總司令部兵工署第二十一工
　　　　廠廠史〉，中國近代兵器工業檔案史料編委會編，《中國近代兵器工業檔案史
　　　　料》，冊 3，頁 1199～1200。
〔註 2〕 〈國軍接防濟南詳記兵工廠之接收〉，《中央日報》，1929 年 5 月 9 日，版 4。
〔註 3〕 〈兵工會議昨日開幕〉，《中央日報》，1929 年 6 月 16 日，版 1。

　　兵工會議中通過〈兵工廠組織條例〉，為謀自給兵器材料與普通工業鋼料起見，並議決將上海兵工廠所屬煉鋼廠改組，直隸兵工署。〔註4〕由此觀之，將各廠獨立建置，分別直屬於兵工署的構想已然成型。19 日兵工會議閉幕，陳儀在致詞指出，「往昔所欲待解決之問題完滿通過，以後之兵工計畫得按表決各案行去，不惟軍用之統一可完備，即國家之經濟亦可省儉甚多」。〔註5〕

　　此次會議的召開具有著重大意義，因為自民國以來，這是首次由中央政府針對全國軍火生產事務召開的討論。兵工會議的重要性，在於經兵工署召集專業人員及各廠代表達成共識，進一步奠定全國性軍火生產的未來發展方向。這種由上而下整合規劃的模式，也成為國府兵工生產的政策制定方針。民國 19 年（1930）1 月 14 日，根據兵工會議決議，上海煉鋼廠由兵工署接管。〔註6〕兵工署經此調整後，所屬廠局如下：

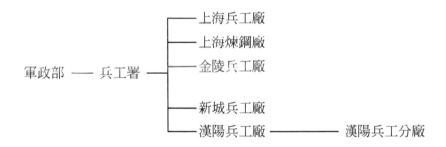

圖 12：1930 年 1 月兵工署所屬兵工廠組織圖

資料來源：中國近代兵器工業檔案史料編委會編，《中國近代兵器工業檔案史料》，冊
　　　　　3，頁 3、1180、1199～1200；中國近代兵器工業編審委員會編，《中國近
　　　　　代兵器工業：清末至民國的兵器工業》，頁 166、187～188；《中央日報》，
　　　　　1929 年 1 月 14 日，版 1，〈滬煉鋼廠由兵工署接收〉。

　　將上海煉鋼廠直屬兵工署的用意，在便於統籌兵工原料鋼鐵的運用。此時兵工署所轄廠數雖有成長，但上海煉鋼廠只是從原先分廠的狀態，恢復為獨立建制，故實質上增加的只有新城兵工廠。兵工署所轄廠數雖沒有超越前

〔註4〕　重檔，兵工署 50 廠 4 目 256 卷，19350325，〈第三工廠前身上海煉鋼廠史料〉，
　　　　　中國近代兵器工業檔案史料編委會編，《中國近代兵器工業檔案史料》，冊 3，
　　　　　頁 1180。
〔註5〕　〈兵工會議前日已閉幕〉，《中央日報》，1929 年 6 月 21 日，版 1。
〔註6〕　〈滬煉鋼廠由兵工署接收〉，《中央日報》，1929 年 1 月 14 日，版 1。

述北洋時期的軍械司，但有著比較健全的發展體質，從兵工會議的召開，也可得知國府的整合各廠的企圖比北洋政府更爲堅定。

（二）地方勢力仍掌控兵工廠

根據表3，當時國內其他主要兵工廠情形如下：河南鞏縣兵工廠於北伐結束後曾受韓復榘控制，後來韓投向國府，國府調昌明貴爲廠長，〔註7〕但兵工署仍未確實掌控鞏縣兵工廠的運作。廣東兵工廠自北伐結束後未受兵工署直轄，也沒派代表參加兵工會議。東三省兵工廠於民國18年（1929）5月1日改稱東北兵工廠，〔註8〕到九一八事變淪陷前，始終由張學良領導的奉系自治自理。〔註9〕山西太原兵工廠於民國17年（1928）8月21日易名爲山西軍人工藝實習廠，作爲軍人學習工藝之初步；〔註10〕表面上低調配合國府，但卻未設廠長，而由閻錫山直接掌管。〔註11〕地方勢力爲保存實力，多半不願讓出兵工廠的管轄權，兵工署對此可說是心有餘而力不足。

表3：民國1928～1937年地方勢力主要兵工廠一覽表

名　稱	地點	民國以後主要產品業務	備　註
廣東兵工廠	廣東廣州	步槍、槍彈、無烟火藥、黑火藥、輕重機槍	1928～1936 粵軍掌控
濟南兵工廠	山東濟南	槍彈、修械、重機槍、迫擊砲、手榴彈	1933～1934 山東省政府接辦
四川兵工廠	四川成都	槍彈、黑火藥、重機槍、步槍、手槍、管退砲、無烟火藥、砲彈	四川軍閥反覆爭奪
雲南兵工廠	雲南昆明	槍彈、步槍	滇軍勢力掌控
陝西機器製造局	陝西西安	槍枝、槍砲彈	1927～1930 西北軍掌控

〔註7〕 李震剛，〈關於鞏縣孝義兵工廠地下黨活動情形的回憶〉，中國人民政治協商會議鞏縣委員會編，《鞏縣文史資料》，輯2（鄭州：同編者，1983年），頁27。
〔註8〕 〈東三省兵工廠將改稱東北兵工廠〉，《盛京時報》，1929年4月24日，版4。
〔註9〕 〈軍費軍火分別籌辦〉，《盛京時報》，1929年5月9日，版4。
〔註10〕 太原山西機器廠檔案室藏，全宗號西北修造廠，46～3卷，〈西北修造廠沿革〉，《中國近代兵器工業檔案史料》，冊3，頁1288；〈閻錫山返晉後之晉政〉，《盛京時報》，1928年8月21日，版2。
〔註11〕 陳修和，〈有關上海兵工廠的回憶〉，中國兵工學會兵工史編輯部編，《兵工史料》，輯2，頁166，

名　稱	地點	民國以後主要產品業務	備　註
開封兵工廠	河南開封	重機槍、手槍、槍彈、迫砲彈	1928～1930 西北軍掌控
新疆兵工廠	新疆	修械、槍彈、黑火藥	盛世才勢力掌控
廣西機器局	廣西南寧	修械、步槍、重機關槍、手榴彈、槍彈	桂系掌控
山西兵工廠	山西太原	修械、步槍、手榴彈、手槍、手提機槍、機槍、山砲、槍彈、砲彈	晉軍掌控
黑龍江修械廠	黑龍江齊齊哈爾	輕機關槍、重機關槍、步槍	奉系掌控，1932 被日軍佔領
吉林軍械廠	吉林省城	修械	奉系掌控，1931 被日軍佔領
達縣兵工廠	四川達縣	槍彈、步槍、輕機槍、迫擊砲、手榴彈	1923 川軍劉存厚管理，1933 被紅軍佔領
東北兵工廠	遼寧瀋陽	步槍、輕重機槍、平射炮、山砲、野砲、加農砲、榴彈砲、迫擊砲、槍彈、砲彈、無烟火藥、黃色炸藥	奉軍掌控，1931 被日軍佔領
奉天迫擊砲廠	遼寧瀋陽	迫擊砲及砲彈	奉軍掌控，1931 被日軍佔領
廣西火藥廠	廣西梧州	無烟火藥、黃色炸藥	桂系掌控
山西火藥廠	山西太原	無烟火藥、黑火藥、黃色炸藥、硝銨炸藥	晉軍掌控
第二十一軍武器修理所	四川重慶	步槍、輕機槍、衝鋒槍、迫擊砲、砲彈、手榴彈、炸彈	川軍劉湘

資料來源：中國近代兵器工業編審委員會編，《中國近代兵器工業：清末至民國的兵器工業》，頁 151～152、154～156、177～179、182～183、220～224、227。

二、中原大戰後所轄廠局

兵工署所轄廠數再增加的契機，在於中原大戰國府的獲勝。民國 19 年（1930）5 月至 11 間，國府與閻錫山、馮玉祥、李宗仁等地方勢力間的軍事

衝突，統稱爲中原會戰。〔註12〕戰爭初期，濟南兵工廠一度被晉軍佔領，後被國府收復。〔註13〕鞏縣兵工廠自民國 18 年（1929）秋季受西北軍威脅；10月中旬廠長離廠，廠務停頓；〔註14〕民國 19 年（1930）10 月 26 日由國府佔領，爾後納入軍政部兵工署管轄。〔註15〕透過軍事手段，國府鞏固對濟南、鞏縣兩廠的管轄權。

除了鞏縣兵工廠外，軍政部將接收自馮玉祥在陝西的修械所，調整爲 6個分廠，民國 19 年（1930）12 月合併爲華陰兵工廠，隸屬兵工署，下設機器廠、砲彈廠和槍砲廠。〔註16〕原由西北軍控制的開封兵工廠，民國 19 年（1930）12 月由國府接收。〔註17〕旋因經費困難，於民國 20 年（1931）1 月停辦，3月依據〈全國軍事整理草案〉撤銷。〔註18〕此時兵工署的直轄廠局如下：

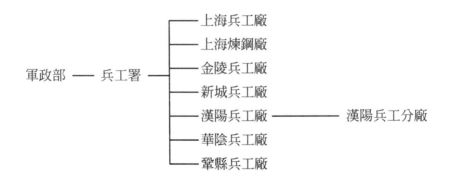

圖 13：1931 年 7 月兵工署所屬兵工廠組織圖

〔註12〕 關於中原大戰的時間，一般以 1930 年 5 月 1 日蔣介石誓師討伐閻、馮爲開始，並以 11 月 4 日閻、馮通電下野爲結束。郭廷以，《中華民國史事日誌》，冊 2（臺北：中央研究院近代史研究所，1982 年），頁 575、643。關於中原大戰經過，請參閱陳進金，《地方實力派與中原大戰》（臺北：國史館，2002 年）。
〔註13〕 〈聯合勤務總司令部兵工署第三十工廠沿革史〉，中國近代兵器工業檔案史料編委會編，《中國近代兵器工業檔案史料》，冊 3，頁 1235。
〔註14〕 兵工專門學校原定派往鞏縣兵工廠的實習生，也因戰事改調漢陽兵工廠。何得萱，〈會務報告〉，《兵工季刊》，號 1，頁 289，收入全國圖書館文獻縮微復製中心編，《民國珍稀短刊斷刊·湖北卷》，卷 1，頁 356。
〔註15〕 中共鞏縣縣委黨史資料徵編委員會辦公室編，〈河南省鞏縣孝義兵工廠黨組織活動情形〉，《鞏縣文史資料》，輯 2，頁 3。
〔註16〕 〈近代兵工局、廠、所、校、處、庫沿革簡表〉，中國近代兵器工業編審委員會編，《中國近代兵器工業：清末至民國的兵器工業》，頁 228。
〔註17〕 〈開封兵工廠軍政部籌劃接收〉，《中央日報》，1930 年 10 月 16 日，版 3。
〔註18〕 〈近代兵工局、廠、所、校、處、庫沿革簡表〉，中國近代兵器工業編審委員會編，《中國近代兵器工業·清末至民國的兵器工業》，頁 221。

資料來源：中國近代兵器工業編審委員會編，《中國近代兵器工業：清末至民國的兵
　　　　　器工業》，頁 141、144、151～152、163、166、175、188、221、228。

三、九一八事變後廠數變化

（一）廠數不增反減

　　九一八與一二八事變後，中日衝突已無可迴避，按理說是國府整軍經武
的契機，但兵工署所轄兵工廠反而一度發生減併情形。首先被裁併者，為具
備相當規模與產能的上海兵工廠。早在民國 4 年（1915），北洋政府軍械司便
曾以上海地點易受攻擊為由，計畫停辦上海兵工廠。〔註 19〕一二八事變時，
上海兵工廠移至杭州桐廬以避戰禍。〔註 20〕民國 21 年（1932）6 月 21 日軍政
部以上海地點重要，續設兵工廠恐遭危險為由，下令停辦。〔註 21〕至同年 10
月 3 日宣告結束，其砲廠歸併於漢陽兵工廠，砲彈廠歸併於鞏縣兵工廠，其
餘各部歸併於金陵兵工廠。〔註 22〕

　　九一八事變後，濟南兵工廠也一度脫離兵工署管轄。民國 22 年（1933）
6 月 4 日，濟南兵工廠工人因反對機器南運，發生工潮。〔註 23〕5 日，山東
省主席韓復榘以共黨潛伏、工人暴動反對廠長為由，電請中央更換廠長。〔註
24〕實際上卻是韓復榘對接辦濟南兵工廠蓄意已久，借題發揮；但當時正值
軍費奇絀，軍政部乃建議將濟南兵工廠交給韓復榘接辦，而將該廠經費移
作漢陽槍彈廠之用，並獲軍事委員會委員長蔣介石批准。〔註 25〕同年 7 月

〔註 19〕　北洋政府陸軍部檔案，〈陸軍部軍械司關於籌擬接收各省軍械局廠辦法及整頓
　　　　　計畫稿〉，1915 年，中國近代兵器工業檔案史料編委會編，《中國近代兵器工
　　　　　業檔案史料》，冊 2，頁 47～49。
〔註 20〕　〈滬兵工廠突告停辦〉，《天津益世報》，1932 年 6 月 24 日，版 3。
〔註 21〕　〈滬兵工廠停辦機件材料分配京漢鞏三廠〉，《中央日報》，1932 年 6 月 21 日，
　　　　　版 2。
〔註 22〕　〈中華民國開國後之兵工生產沿革〉，聯勤總部生產署四週年紀念刊編委會
　　　　　編，《聯勤總部生產署四週年紀念刊》，頁 207。
〔註 23〕　〈濟南兵工廠風潮已平息〉，《中央日報》，1933 年 6 月 8 日，版 6。
〔註 24〕　〈韓復榘電蔣中正請撤換新城兵工廠胡廠長改以王學智接替其缺〉，〈一般資
　　　　　料——民國二十二年（二十四）〉，《蔣檔》，國史館藏，典藏號：002－080200
　　　　　－00094－024，入藏登錄號：002000001483A，1933 年 6 月 5 日，002080200094
　　　　　024001a－002080200094024002a。
〔註 25〕　〈陳儀電蔣中正陳濟南兵工廠工人滋事並派蔣紹昌劉守愚赴濟南澈查並詢可
　　　　　否由韓復榘接辦中央再全力發展漢陽兵工廠〉，〈一般資料——民國二十二年

1 日，濟南兵工廠交由山東省政府接管，改稱濟南兵工局。〔註 26〕

　　至於華陰兵工廠，於民國 22 年（1933）11 月奉令停辦，遣散職工，將部分機器移交鞏縣兵工廠，部份給陝西省政府興辦實業。〔註 27〕漢陽兵工分廠因與本廠距離遙遠，管理欠周，產品成本過高，〔註 28〕於民國 21 年（1932）9 月獨立建置，更名為漢陽火藥廠。〔註 29〕至民國 22 年（1933）底，兵工署所轄兵工廠如圖 14。

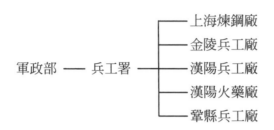

軍政部 ── 兵工署 ── 上海煉鋼廠
　　　　　　　　　── 金陵兵工廠
　　　　　　　　　── 漢陽兵工廠
　　　　　　　　　── 漢陽火藥廠
　　　　　　　　　── 鞏縣兵工廠

圖 14：1933 年底兵工署所屬兵工廠組織圖

資料來源：中國近代兵器工業編審委員會編，《中國近代兵器工業：清末至民國的兵器工業》，頁 142、144、151～152、163、166、175、188、228。

　　根據圖 14，可知兵工署直轄工廠數量減少幅度甚大，看似對整軍備戰有極為不利的影響。但上海兵工廠的機器大多遷併他廠，產能並未永久消失；華陰兵工廠產能原本有限，濟南兵工廠機器老舊、位置和上海兵工廠一樣容易被日本入侵，且又發生工人管理與地方勢力覬覦的問題。此 3 廠的停辦或分出，短時間內或有產量減少的問題，但以長遠來看，則有簡化管理、節省

　　　　（二十四）〉，《蔣中正總統文物檔案》，國史館藏，典藏號：002－080200－00094－128，入藏登錄號：002000001483A，1933 年 6 月 7 日，002080200094128001a。

〔註 26〕 〈聯合勤務總司令部兵工署第三十工廠沿革史〉，中國近代兵器工業檔案史料編委會編，《中國近代兵器工業檔案史料》，冊 3，頁 1235。

〔註 27〕 重檔，兵工署 1 目 484 卷，1933 年 12 月 31 日，〈華陰兵工廠為該廠及潼關分廠機器移交案給兵工署呈文〉，中國近代兵器工業檔案史料編委會編，《中國近代兵器工業檔案史料》，冊 3，頁 393～394。

〔註 28〕 何應欽上將九五壽誕叢書編輯委員會編，《軍政十五年》（臺北：同編者，1984年），頁 176。

〔註 29〕 〈湖北鋼藥廠〉，中國近代兵器工業編審委員會編，《中國近代兵器工業：清末至民國的兵器工業》，頁 166。

成本的優點，兵工署可更專注於其他兵工廠的管理與改良；漢陽火藥廠直屬兵工署後，兵工署得以對所有工廠直接管轄，組織上更爲精簡合理。故這些可視爲兵工署對於所屬工廠的整理與革新過程。

（二）民國 23 年（1934）後兵工廠數回升

自民國 23 年（1934）到 26 年，兵工署所轄廠數又開始回升。增加的兵工廠主要分爲兩類，一類是接收自地方軍政勢力的傳統兵工廠，另一類則是新成立的兵工廠。原濟南兵工廠由山東省接管後，旋即發生經費不足問題。〔註30〕民國 22 年（1933）7 月 19 日，韓復榘以省庫支絀，懇將濟南兵工局移交材料改作發給轉令部中賜與。〔註31〕同年 8 月 22 日，韓復榘以黃河決口需款甚鉅，無力兼顧爲由，請軍政部接收山東兵工局。〔註32〕從最初的處心積慮到後來的放棄，韓的作爲如同兒戲，但也可見該廠經費與管理上的困難。5 月 13 日蔣介石裁示，計山鹽附項下每月撥付 5 萬元，以維持工人生計。〔註33〕兵工局交還中央，仍名爲濟南兵工廠。〔註34〕而兵工署對各地兵工廠的管轄權，也以此爲契機再次開始擴展。

廣東方面，自民國 20 年（1931）蔣介石扣押黨政元老胡漢民（1879～1936）後，與國府呈對峙狀態；〔註35〕民國 25 年（1936）7 月 18 日，主掌粵政的廣

〔註30〕　〈魯省府接管新城兵工廠改稱爲濟南兵工局〉，《中央日報》，1933 年 7 月 2 日，版 6；〈聯合勤務總司令部兵工署第三十工廠沿革史〉，中國近代兵器工業檔案史料編委會編，《中國近代兵器工業檔案史料》，冊 3，頁 1235。

〔註31〕　〈韓復榘電蔣中正懇將濟南兵工局移交材料改作發給轉令部中賜與購置材料方便〉，〈一般資料──民國二十二年（三十六）〉，《蔣檔》，國史館藏，典藏號：002－080200－00106－123，入藏登錄號：002000001495A，1933 年 7 月 19 日 002080200106123001a－002080200106123003a。

〔註32〕　〈韓復榘電蔣中正請俯查魯省困難情形迅飭部接收山東兵工局該局局長趙竹賢必能不負委任〉，〈一般資料──民國二十二年（四十五）〉，《蔣檔》，國史館藏，典藏號：002－080200－00115－060，入藏登錄號：002000001504A，1933 年 8 月 22 日，002080200115060001a－002080200115060002a。

〔註33〕　〈孔祥熙電蔣中正可否每月撥十七萬元維持濟南兵工廠至上海兵工廠遷至肇縣將其職工安插至此爲止等文電日報表〉，〈一般資料──民國二十三年（二十一）〉，《蔣檔》，國史館藏，典藏號：002－080200－00435－101，入藏登錄號：002000001552A，1934 年 5 月 13 日，002080200435101001x。

〔註34〕　〈聯合勤務總司令部兵工署第三十工廠沿革史〉，中國近代兵器工業檔案史料編委會編，《中國近代兵器工業檔案史料》，冊 3，頁 1235。

〔註35〕　民國 20 年 2 月 28 日，蔣介石扣押廣東籍黨政元老、立法院長胡漢民，引起黨內廣東勢力強烈抗議，5 月 28 日廣州另立國民政府；九一八事變後，廣州國民

州第一集團軍司令陳濟棠垮臺出走，廣東回歸中央。〔註 36〕此時廣東的兵工廠，計有廣東第一與第二兵器製造廠。廣東第一兵器製造廠是由原廣東兵工廠演變而來。〔註37〕廣東第二兵器製造廠則爲民國 22 年（1933）陳濟棠聯合廣西勢力，與德商合步樓公司（HAPRO，全名爲 Handelsgesellschaft für industrielle Produkte）簽訂合同籌辦之新廠。〔註38〕陳濟棠籌建新廠的表面原因是爲整軍抗日，但實際上顯然還考量到與國府軍事對峙的需求，新廠預定的生產設備，計有砲廠、砲彈信管及火藥筒廠、毒氣廠及防毒面具廠。〔註39〕至民國 25 年（1936）9 月止，機器設備經已裝置完竣者，有砲廠、砲彈廠及所有附屬各廠，如動力廠、木工廠、打鐵廠及工具廠、房屋等；即將完成而機器設備尚未運到者，有毒氣廠及防毒面具廠。〔註40〕基本上尚未完竣運作。

隨著廣東回歸中央，民國 25 年（1936）11 月 10 日，廣東第一兵器製造廠更名爲廣東第一兵工廠，由兵工署派廠長鍾道錕接收。〔註 41〕廣東第二兵器製造廠接收委員會則已於同年 11 月 1 日成立辦公，〔註42〕民國 26 年（1937）

政府於 21 年 1 月 1 日撤銷，改設國民黨中央執行委員會西南執行部、西南政務委員會和西南軍事委員會，形成兩廣割據局面。郭廷以，《中華民國史事日誌》，冊 3（臺北：中央研究院近代史研究所，1984 年），頁 16、30、39、125。

〔註36〕 郭廷以，《中華民國史事日誌》，冊 3，頁 609。關於廣東與南京國府這段時期的權力糾葛，請參閱吳振漢，《國民政府的地方派系意識》（臺北：文史哲出版社，2000 年），頁 90～103。

〔註37〕 重檔，41 廠人目 137～138 卷，〈第四十一工廠〉，中國近代兵器工業檔案史料編委會編，《中國近代兵器工業檔案史料》，冊 3，頁 1251。

〔註38〕 重檔，50 廠 3 目 360～362 卷 19330812，〈第一集團軍總司令部頒發籌建工廠辦事處鈐記訓令〉，中國近代兵器工業檔案史料編委會編，《中國近代兵器工業檔案史料》，冊 3，頁 366。

〔註39〕 重檔，50 廠 256 卷 193307，〈合約〉；重檔，50 廠 256 卷，〈聯合勤務總司令部兵工署第五十工廠廠史〉；中國近代兵器工業檔案史料編委會編，《中國近代兵器工業檔案史料》，冊 3，頁 363～366、1255。

〔註40〕 〈江杓、丁天雄呈蔣中正報告赴粵調查琶江兵工廠機器設備情形等文電日報表〉，〈一般資料——呈表彙集（四十九）〉，《蔣檔》，國史館藏，典藏號：002－080200－00476－035，入藏登錄號：002000001865A，1936 年 9 月 7 日，0020802004 76035001x－0020802004 76035004x。

〔註41〕 重檔，41 廠人目 137～138 卷，〈第四十一工廠〉，中國近代兵器工業檔案史料編委會編，《中國近代兵器工業檔案史料》，冊 3，頁 1251。

〔註42〕 重檔，50 廠 3 目 360～362 卷，19361109，〈鄧演存江杓組織廣東第二兵器製造廠接收委員會給蔣介石呈文稿〉；19361117，〈蔣介石爲接收委員會成立給鄧演存指令〉，中國近代兵器工業檔案史料編委會編，《中國近代兵器工業檔案史料》，冊 3，頁 368、369。

5 月底接收完畢，並改稱廣東第二兵工廠。〔註43〕新工廠方面，自民國 22 年（1933）開始籌備的鞏縣兵工分廠，為一化學工廠，於民國 25 年（1936）2 月 1 日成立。〔註44〕至民國 26 年（1937）七七事變前，兵工署所轄兵工廠如圖 15。

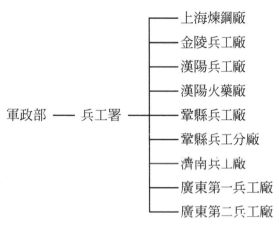

圖 15：1937 年 6 月兵工署所屬兵工廠組織圖

資料來源：中國近代兵器工業編審委員會編，《中國近代兵器工業：清末至民國的兵器工業》，頁 144、151～152、158、163～164、166、187～188、191～192。

　　兵工署在抗戰前，對 9 座主要兵工廠完成直轄，其中只有 6 座是傳統定義下生產兵器彈藥的兵工廠，其他 3 座則為火藥、煉鋼及化學工廠，象徵兵工署對於兵工的定義較軍械司時期更為周全。雖然仍有部分兵工廠掌握在地方勢力手中，但自兵工署成立到抗戰前，能持續增加所轄廠數，可謂穩定進展，對於內部局勢安定與國防都有重要意義。

第二節　軍械庫的演變

一、軍械庫的設置

　　關於北伐結束後的軍械存儲，國府曾於民國 19 年（1930）在南京設置陸

〔註43〕 曾祥穎，《中國近代兵工史》，頁 163。
〔註44〕 〈鞏縣兵工分廠〉，中國近代兵器工業編審委員會編，《中國近代兵器工業：清末至民國的兵器工業》，頁 191～192。

海空軍總司令部經理處軍械科金陵軍械總庫，以茲負責。〔註 45〕後因剿共與日本軍事威脅，國府對軍械庫的設置轉為積極。民國 21 年（1932）一二八事變後，國府在剿共前線的南昌成立軍械庫，就近策應；並計畫於各重要國防基地設置倉庫，先在江蘇省境內掘築地洞彈藥庫 1 所。〔註 46〕此時主要軍械庫分別由軍事委員會與陸軍署軍械司管轄。兵工署也有自身的倉儲系統，如民國 20 年（1931）12 月，兵工署便在南京下關收購土地，擬作建築材料倉庫之用。〔註 47〕但此時的兵工署倉庫主要存放材料與成品，而非作為分配各部隊及軍火儲備之用。

　　民國 23 年（1934）軍械司併入兵工署後，兵工署派員赴各地檢視軍械庫，以利後續整理。〔註48〕蔣介石則在民國 24 年（1935）7 月召集兵工署長俞大維與設計倉庫人員，討論相關事宜，亦展現其對於軍械庫修建與設置的重視。〔註49〕表 4 為對日抗戰前國府主要軍械庫一覽表。

表 4：1928～1937 年國府主要軍械庫一覽表

名稱	初設時間	初設地點	1937 年所在地	1937 年管轄單位	沿　革
軍事委員會重慶行營第一軍械總庫	1935	四川重慶	總庫：四川重慶 分庫：沙坪壩、九龍坡。補充所：成都	軍事委員會重慶行營	1935.8 成立南昌行營第五兵器倉庫以應剿匪需要。1936 撥編為重慶行營第一軍械總庫。1938 改隸兵工署。
軍事委員會委員長	1936	貴州遵義	總庫：貴州遵義	軍事委員會委員長行營	1936 由第六兵器倉庫改編為軍事委員會委員

〔註45〕　第二檔案館藏七七四 313 卷，〈軍政部兵工署第八軍械總庫歷年調查事項〉，中國近代兵器工業檔案史料編委會編，《中國近代兵器工業檔案史料》，冊 3，頁 1313。

〔註46〕　〈中華民國開國後之兵工生產沿革〉，聯勤總部生產署四週年紀念刊編委會編，《聯勤總部生產署四週年紀念刊》，頁 206～207。

〔註47〕　〈兵工署建築倉庫〉，《中央日報》，1931 年 12 月 3 日，版 8。

〔註48〕　〈兵工署整理各地軍械庫〉，《中央日報》，1934 年 11 月 7 日，版 3。

〔註49〕　〈蔣中正電何應欽派俞大維帶同設計倉庫人員以及兵工署第二十三年度之總報告與現存各種械彈總數與原料表冊〉，〈事略稿本——民國二十四年七月（二）〉，《蔣檔》，國史館藏，典藏號：002－006100－00098－004，入藏登錄號：002000000578A，1935 年 7 月 4 日，0020601 0009 8004001x。

名稱	初設時間	初設地點	1937年所在地	1937年管轄單位	沿　革
行營第二軍械總庫			分庫：貴州貴陽、鎮遠、芷江		長行營第二軍械總庫，轄3分庫及1彈藥補充所。1939 歸軍政部指揮。
軍事委員會委員長行營第三直屬軍械分庫	1935	江西吉安	陝西西安	軍事委員會委員長行營	1933.8 為剿共，由軍政部軍械司成立軍事委員會委員長南昌行營吉安臨時倉庫。1935.2 改為軍政部吉安臨時軍械庫，1935.6 改隸管轄為委員長行營第三兵器倉庫；旋奉令集中武昌，1935.12 月再移駐西安。1936.1 改委員長行營第三直屬軍械分庫。西安事變遭沈劫搗毀，1937 重新整理。1937 改隸軍政部兵工署。
軍政部兵工署武漢軍械庫	光緒16年（1890）	湖北武昌	總庫：湖北武昌　分庫：湖南株州、衡陽	軍政部兵工署	1928 改名軍政部陸軍署軍械司駐鄂軍械局，1928.12 改屬第四集團軍總司令部軍械處。1929 中央接收，改稱陸海空軍總司令部武昌軍械分局。1930.12 改為陸軍署軍械司武昌軍械庫。1934.7 改為軍政部兵工署武漢軍械庫。1936.9 接收廣州分庫彈藥，1936.11 改隸軍政部兵工署軍械司。
軍政部陸軍署軍械司南昌軍械庫	1931	江西	總庫：江西南昌　分庫：江西撫州吉安、牛行下沙窩、蓮河	軍政部	1931 因剿共成立，隸屬江西路兵站總監部軍械處。1932.1 歸駐贛特派綏靖主任公署，1932.5 歸贛粵閩邊區剿匪總司令部。1933 改名陸軍署軍械司南昌軍械庫。1938 兵工署管轄

名稱	初設時間	初設地點	1937年所在地	1937年管轄單位	沿　革
軍政部兵工署蚌埠軍械庫	1936	安徽蚌埠	安徽蚌埠	軍政部兵工署	1936.5 成立，職司軍械儲存保管。
軍政部兵工署金陵軍械總庫	光緒年間	江蘇南京	江蘇南京	軍政部兵工署	原係金陵軍械局改成。1930.1 成立並名金陵軍械總庫，隸屬陸海空軍總司令部經理處軍械科。1931.12 撥隸軍政部陸軍署。1933.3 改隸軍政部兵工署。1934 在南京城外增建半地下庫十餘座，後因南京淪陷毀棄。
軍政部華陰軍械庫	1933	河南鄭縣	總庫：河南鄭縣 分庫：陝西華陰	軍政部	1933.4 創立，名鄭州臨時軍械庫，直隸軍政部，與開封軍械庫負隴海、平漢兩線部隊軍品補給事宜。1935 改稱華陰軍械庫。
軍政部兵工署荊州軍械庫	1935	安徽歙縣	湖北荊州	軍政部兵工署	1935.4 在成立，定名歙縣臨時軍械庫。1936.1 移到荊州，改名荊襄軍械庫。1937 正名爲荊州軍械庫。
軍政部兵工署洛陽軍械庫	1933	河南洛陽	河南洛陽	軍政部兵工署	1933.1 在洛陽成立，番號洛陽軍械庫，隸屬軍政部軍械司。1934 改隸兵工署。1936 奉令改爲獨立分庫
軍政部兵工署上饒軍械庫	光緒末年	浙江杭州	浙江上饒	軍政部兵工署	1927 隸屬國民革命軍總司令部軍械處，名駐浙軍械局。1934 改爲杭州軍械庫。1936.5 奉署令改組爲上饒軍械庫。
軍政部延平軍械庫	1931	福建福州	福建延平	軍政部	1931 奉行營令組織委員長南昌行營第一兵器倉庫，任務係因十九路

名稱	初設時間	初設地點	1937年所在地	1937年管轄單位	沿　革
					軍閩變。1932 春設庫於福州市古樓路東。1934 夏移設延平避免日方刺探，1935 春遷移畢。1936.2 改組爲南昌行營第一直屬軍械分庫。1937.3 改組爲軍政部延平軍械庫。

資料來源：中國近代兵器工業檔案史料編委會編，《中國近代兵器工業檔案史料》，冊
　　　　3，頁 1298、1299、1300～1301、1303、1305、1308、1311、1320、1323、
　　　　1324～1325、1326～1327。

　　根據表 4 可知，在民國 26 年（1937）以前，兵工署只掌控部分主要軍械庫，原因是軍事委員會、陸軍署與軍政部基於自身需要考量，各自保留部分軍械庫的管轄權。直到抗戰爆發，隨著各械庫的內遷，基於簡化指揮體系的需求，才改以兵工署爲主管軍械庫機關。以建成年份來看，建於清代的軍械庫有 3 個，會持續使用到民國 20 年代，主要是考量便利性及位置上的重要性：位於武昌的武漢軍械庫，可就近存放漢陽兵工廠產品；南京的金陵軍械總庫、浙江的上饒軍械庫，除可收納金陵兵工廠產品與外購品，更有近一層鞏固中樞的考量。但這些歷史悠久的軍械庫，均普遍存在庫房老舊的問題。

　　就其地理位置來看，表 4 的 12 個軍械庫中，建成地點位於江西周邊的有 6 個，再加上重慶的第一軍械總庫與福建的延平軍械庫，多達 8 個軍械庫的成立原因都和剿共有關；雖然在第五次剿共後，部分軍械庫遷移，但仍兼顧了短期軍事部署的需求，例如第三直屬軍械分庫遷往西安，乃爲因應清剿延安地區的部署；武漢軍械庫在兩廣事件時於韶關設置分庫，也是爲中央軍南下做預備。〔註 50〕至於其他各庫，華陰軍械庫負責隴海、平漢兩線軍品補給事宜，考量此地曾爲中原大戰的激戰區，以及九一八事變後日本對華北虎視眈眈，則可將其視爲兼具安內與防外雙重用途；足見國府對於軍械庫的規畫，多以短期需求爲優先，如此將較難兼顧長期軍火儲備需求；直到民國 25 年

〔註50〕第二檔案館藏七七四 313 卷，1943，〈軍政部兵工署第四軍械總庫歷年大事記〉，中國近代兵器工業檔案史料編委會編，《中國近代兵器工業檔案史料》，冊 3，頁 1305。

（1926），國軍仍在西北地區剿共，第三軍械總庫更於西安事件中遭到兵燹，由此可知當時規劃軍械庫的複雜與困難。

當時我國陸上交通並不發達，導致軍械庫的遷移很難迅速進行。延平軍械庫的前身南昌行營第一兵器倉庫於民國 23 年（1934）夏奉令移設延平，但因交通工具缺乏，至民國 24 年（1935）春才遷移完畢。〔註 51〕交通不便也使軍械庫的補給能力受到限制，導致部分軍械庫必須接近前線，增加危險性。對此國府並非毫無考量，上述軍械庫中，第一軍械總庫於民國 25 年（1936）即遷往四川，第二軍械總庫也位於後方的貴州，一定程度上展現出國府對日長期備戰的態勢；第三直屬軍械分庫、武漢軍械庫、荊州軍械庫、延平軍械庫的位置都逐漸往內陸遷移，也是基於國防安全考量。〔註 52〕但江浙的金陵軍械總庫、上饒軍械庫卻無法輕言後撤，顯然是拱衛中樞與支應前線的重要性使然。

二、軍械存儲成效

（一）庫房建置與管理

國府最初使用的軍械庫，庫房設計多半未臻理想，自晚清沿用的軍械庫如金陵軍械總庫，房屋均係舊式不堪使用。前述當時軍械庫設置常以短期軍事需求為優先考量，日後可能搬遷，多數遂以租借民房或徵用公共場所作為庫房。〔註 53〕這類暫時性庫房並非針對軍火存儲設計建造，有安全與保密上的疑慮。天然地形的運用方面，民國 24 年（1935）5 月軍事委員會協調軍政部、兵工署，調查各地山洞以為械彈庫藏之用。〔註 54〕洞庫雖然容量較大，

〔註 51〕 第二檔案館藏七七四 313 卷，〈軍政部兵工署第四直屬軍械分庫沿革紀實〉，中國近代兵器工業檔案史料編委會編，《中國近代兵器工業檔案史料》，冊 3，頁 1326～1327。

〔註 52〕 例如前述 23 年南昌行營第一兵器倉庫遷往延平，便是為了避免日方刺探挑釁。二檔七七四 313 卷，〈軍政部兵工署第四直屬軍械分庫沿革紀實〉，中國近代兵器工業檔案史料編委會編，《中國近代兵器工業檔案史料》，冊 3，頁 1326～1327。

〔註 53〕 二檔七七四 313 卷，〈軍政部兵工署第三直屬軍械分庫庫史〉，中國近代兵器工業檔案史料編委會編，《中國近代兵器工業檔案史料》，冊 3，頁 1324～1325。

〔註 54〕 〈蔣中正電唐生智曹浩森請協同兵工署調查省都附近山洞設計械彈儲藏庫及由軍政部派員調查江浙皖閩贛各地山洞容積形式以為械彈庫藏之用〉，〈鞏固國防（六）〉，《蔣檔》，國史館藏，典藏號：002－090102－00006－010，入藏登錄號：002000002077A，1935 年 5 月 6 日。

亦有花費多、潮溼等問題。金陵軍械總庫民國 23 年（1934）起在南京城外增建設備完善的半地下庫十餘座，但這是少數重點軍械庫才有的做法，並非常態。

再以管理情形觀之，軍械庫存放物品具危險性，稍有不慎極易引發事端，民國 18 年（1929）8 月 26 日，位於南京的軍械庫發生火災，損失慘重。〔註55〕此後軍政部加強對軍械庫的管理，訂有規範執勤與保管要領，定期派員檢驗，並要求庫長應常入庫檢查，不合規定者即行糾正。〔註56〕此後根據兵工署民國 23 年（1934）派員檢查，各庫表現尚稱得法；〔註57〕民國 25 年（1936）4 月，四川、貴州各軍械庫消防設施完備，警戒管理保存嚴密適當。〔註58〕至於軍械運輸，因為軍械司卡車太少，無法在短時間將彈藥由庫運至碼頭或車站。〔註59〕如此將影響軍品入庫與補給的效率。

警衛方面，僅部分軍械庫設有常態性警衛部隊，無設置者由於各庫人力吃緊，不易兼顧警衛工作，則視需要請兵工署派充。〔註60〕至於哨舍，當時多為木造，雖然容易搭建，但也有造價昂貴、容易損毀並缺少保密性的缺點。〔註61〕關於軍械庫的防空，抗戰前國內高射砲十分稀少，兵工署亦無專任之防空部隊；蚌埠、信陽、華陰、新鄉 4 庫因儲彈較多，各有高射機關槍 6 挺，

〔註55〕　存萃學社編集，周康燮主編，《中華民國史事日誌》，冊 4（香港：大東圖書公司，1978 年），頁 186。

〔註56〕　重檔，資料法規 81 卷，〈軍政部草場門火藥庫保管要領〉，1931 年 12 月，中國近代兵器工業檔案史料編委會編，《中國近代兵器工業檔案史料》，冊 3，頁 592～594。

〔註57〕　《中央日報》，1934 年 11 月 7 日，版 3，〈兵工署整理各地軍械庫〉。

〔註58〕　〈顧祝同等電蔣中正川黔各軍械庫警戒管理保存皆依規定嚴密管理又重慶遵義並無正式軍械庫經與軍政部洽商後已列入兵工五年計畫擬築以經費有著即可開始等文電日報表〉，〈一般資料——呈表彙集（四十三）〉，《蔣檔》，國史館藏，典藏號：002－080200－00470－047，入藏登錄號：002000001859A，1936 年 4 月 6 日，0020802004700470001x。

〔註59〕　〈俞大維呈何應欽轉蔣中正關於械彈一般及戰時情形下儲備與補充事項等〉，〈陸軍後勤（一）〉，《蔣檔》，國史館藏，典藏號：002－080102－00076－007，入藏登錄號：002000001007A，1937 年 8 月，0020801020076007003x。

〔註60〕　二檔七七四 313 卷，〈軍政部兵工署第四直屬軍械分庫沿革紀實〉，中國近代兵器工業檔案史料編委會編，《中國近代兵器工業檔案史料》，冊 3，頁 1327。

〔註61〕　此文件於抗戰後期完成，可以推測兵工署在抗戰前，對此還處於摸索階段。二檔七七四 313 卷，〈軍政部兵工署第十二軍械總庫成立經過沿革〉，中國近代兵器工業檔案史料編委會編，《中國近代兵器工業檔案史料》，冊 3，頁 1322。

由防空學校編組員兵負責。〔註62〕以此聊勝於無的火力，一旦日軍空襲，可說毫無反制能力可言。

（二）兵工署的新建軍械庫規劃

根據民國25年（1936）度兵工署提案，鑑於現有各軍械庫簡陋狹小，對於空襲極為危險，擬建設新式軍械庫並列入兵工五年計畫，計有南京、信陽、荊州、南昌、華陰、重慶、遵義與漢中等8座。〔註63〕這些可視為添增改建功能與安全性較佳庫房的建設計畫，前述南京增建的半地下庫，就是這次建設計畫的成果。〔註64〕建設經費如表5：

表5：1936年度兵工署對軍械庫建設相關經費表
（1936下半年～1937上半年）

軍械庫名稱	建設費	已領到之經費	本年度應領之經費	備　考
南京軍械庫	617,000	－	－	已開始建築
信陽	267,000	－	－	已開始測量設計
荊州	267,800	－	－	
南昌	267,800	－	－	已開始籌備
華陰	299,000	－	－	
重慶	459,680	－	－	
遵義	459,680	－	－	
漢中	332,120	－	－	
共計經費	1,971,980	1,350,000	1,621,980	

〔註62〕　〈俞大維呈何應欽轉蔣中正關於械彈一般及戰時情形下儲備與補充事項等〉，〈陸軍後勤（一）〉，《蔣檔》，國史館藏，典藏號：002－080102－00076－007，入藏登錄號：002000001007A，1937年8月，002080102076007003x。

〔註63〕　〈軍政部呈蔣中正民國二十五年度兵工署對於二十個調整師及繼續調整各部隊武器彈藥器材補充及新兵工廠軍械庫修械廠建設等計畫案〉，〈陸軍後勤（一）〉，《蔣檔》，國史館藏，典藏號：002－080102－00076－005，入藏登錄號：002000001007A，1937年，002080102076005001a－002080102076005004a。

〔註64〕　〈顧祝同等電蔣中正川黔各軍械庫警戒管理保存皆依規定嚴密管理又重慶遵義並無正式軍械庫經與軍政部洽商後已列入兵工五年計畫與築以經費有著即可開始等文電日報表〉，〈一般資料——呈表彙集（四十三）〉，《蔣檔》，國史館藏，典藏號：002－080200－00470－047，入藏登錄號：002000001859A，1934年6月28日，002080200470047001x。

備註：已領經費與應領經費部分，因原始資料呈現空白，故缺各庫之經費紀錄。

資料來源：〈軍政部呈蔣中正民國二十五年度兵工署對於二十個調整師及繼續調整各部隊武器彈藥器材補充及新兵工廠軍械庫修械廠建設等計畫案〉，〈陸軍後勤（一）〉，《蔣檔》，國史館藏，典藏號：002　080102－00076－005，入藏登錄號：002000001007A，1937 年，002080102076005004a。

　　根據表 5，經費撥給與應領需求仍有相當落差。其中 5 個軍械庫沒有確切進度，進展有限，主因民國 25 年（1936）建庫款未發足，又由於營造手續周折，致使各地庫房僅將南京庫完成，信陽庫開始進行，餘則尚未興建。〔註 65〕再者次年中日戰爭全面爆發，對軍械庫建設造成極大衝擊。南京新建庫房因淪陷毀棄；〔註 66〕部分軍械庫因內遷及作戰優先考量，建設呈現停頓狀態，即使是民國 23 年（1934）便列為重點的重慶第一軍械總庫，到抗戰爆發時，所有庫房仍是租賃而來。〔註 67〕整體而言，軍械庫的建設進展並不順暢。

　　兵工署對於軍械存儲的執行成效，截至抗戰前持續進展，如民國 26 年（1937）7 月初，長江北岸鐵路線各軍械庫已存有步槍彈 5,000 萬餘發，金陵、武昌軍械庫各存有 9,000 萬與 3,000 萬餘發，足以因應對日衝突的擴大。〔註 68〕但整體規畫上仍有管轄事權不一，位置選定不佳，新庫未能及時建設等問題，對抗戰初期的軍火補給仍有不利影響。〔註 69〕至於人力配置、存儲管理、警衛防空與交通運輸方面，也存在進步空間。但從相關資料也能得知，兵工

〔註 65〕〈俞大維呈何應欽轉蔣中正關於械彈一般及戰時情形下儲備與補充事項等〉，〈陸軍後勤（一）〉，《蔣檔》，國史館藏，典藏號：002－080102－00076－007，入藏登錄號：002000001007A，1937 年 8 月，002080102076007002x－002080102076007003x。

〔註 66〕二檔七七四 313 卷，〈軍政部兵工署第八軍械總庫歷年調查事項〉，中國近代兵器工業檔案史料編委會編，《中國近代兵器工業檔案史料》，冊 3，頁 1313。

〔註 67〕二檔七七四 313 卷，1947，〈軍械第一儲備總庫沿革〉，中國近代兵器工業檔案史料編委會編，《中國近代兵器工業檔案史料》，冊 3，頁 1299。

〔註 68〕〈俞大維電蔣中正查江北沿鐵路線各軍械庫現存步彈五千萬餘發金陵庫存九千萬餘發武昌庫存三千萬餘發必要時可由該兩庫撥補〉，〈一般資料──呈表彙集（五十八）〉，《蔣檔》，國史館藏，典藏號：002－080200－00485－055，入藏登錄號：002000001874A，1937 年 7 月 11 日。

〔註 69〕如俞大維 26 年 8 月指稱，「潼關、庫東可補充直、魯，豫北可補充山西，地點極優，未能完成，至深遺憾。」〈俞大維呈何應欽轉蔣中正關於械彈一般及戰時情形下儲備與補充事項等〉，〈陸軍後勤（一）〉，《蔣檔》，國史館藏，典藏號：002－080102－00076－007，入藏登錄號：002000001007A，1937 年 8 月，002080102076007002x－002080102076007003x。

署與相關人員能持續檢討，思索改進之道，這對於八年抗戰的後續進行，是非常重要的。

第三節　兵工委員會與兵工學校

一、兵工委員會

（一）成立與發展

　　民國初年，部分兵工廠已成立類似技術委員會的組織，如東三省兵工廠成立科學委員會，各廠廠長、技師、技士為當然委員，每週集會研究與兵工有關科學技術，並介紹各國學者和工程技術人員學理經驗，以增進會員研究興趣而收集思廣益功效。〔註70〕國府方面，民國 17 年（1928）3 月於上海兵工廠設立兵工委員會，性質偏向技術研究，而非實施兵工改進之主管機關。〔註71〕後來在廠長張羣主導下，透過兵工委員會，匯集軍火專業人才；同年 11 月兵工署成立，下設兵工委員會。〔註72〕張羣並於 12 月以軍政部政務次長、兵工署署長身分自兼兵工委員會主任委員。〔註73〕因此我國在中央軍火行政管理機關設置研究委員會，是源自上海兵工廠內部的兵工委員會，並自北伐結束後正式設置於兵工署；而張羣以署長身分親兼主任委員，更可見國府當局與主事者對此機構的重視。

　　根據民國 17 年（1928）〈軍政部兵工署條例草案〉，兵工委員會專任兵器器材之改良進步及調查各國兵工狀況，設主任委員一人，專任、兼任與助理委員各若干人，分別擔任兵器器材調查、研究、試驗、選用及新兵器發明等工作；為技術上之參考起見，得聘請外國顧問、設計師及本國科學專家協助

〔註70〕　〈東三省兵工廠〉，中國近代兵器工業編審委員會編，《中國近代兵器工業——清末至民國的兵器工業》，頁 178。

〔註71〕　〈中華民國開國後之兵工生產沿革〉，聯勤總部生產署四週年紀念刊編委會編，《聯勤總部生產署四週年紀念刊》，頁 206。

〔註72〕　〈中央執行委員會政治會議議決通過軍委會所擬系統表及各條例咨請國民政府遵行〉，〈國防部組織法令案（一）〉，《國府檔案》，國史館藏，典藏號：001－012071－0314，入藏登錄號：001000001167A，1928 年 11 月 21 日，001012071314005a。

〔註73〕　〈張羣〉，中國近代兵器工業編審委員會編，《中國近代兵器工業——清末至民國的兵器工業》，頁 260。

業務。〔註 74〕爲此設置各級委員，以健全組織，落實領導及分工。委員身分方面，只有專任及助理委員的正式任命，兼任委員則見於〈兵工署職員錄〉，有胡庶華、阮尙介、吳健、楊繼曾、鄭滋稚、歐陽煥、劉守愚、張書田、張楷、林大中、李承幹、方鼎英、劉士毅、工瑩、吳瑞芝、吳書榮、朱懋澄、吳和宣、吳光杰、譚季陶等人。〔註 75〕部分人士後來被任爲專任或助理委員。回顧兵工署成立之初，留任上海兵工廠的高級技術人員，多被授予兵工委員會專門或助理委員名義。〔註 76〕據此推測，兼任委員應爲專任及助理委員的候補人選。

　　關於兵工委員會的成員名單，主要資料來源爲《國府公報》所載人事任免訊息，然而《國府公報》的內容仍有些許遺漏，並且自民國 24 年（1935）起不再發布兵工委員相關訊息，故仍須藉由相關人士的其他史料，如侍從室資料等，側面得知其擔任兵工委員的經歷與資訊。

（二）兵工委員分析

　　自民國 17～26 年（1928～1937），兵工署歷任 4 位署長領導，而在每位署長任內，兵工委員會的組成也呈現不同樣貌。茲以不同署長的任職期間做爲區隔，表列兵工委員的名單與相關資料，並比較分析。

1、張羣任內的兵工委員

民國 17 年（1928）底任命的第一批兵工委員共計 10 人，如下表：

表 6：兵工委員會專任委員簡歷表（1928.12～1929.4 任命）

姓名	任期	籍貫	學經歷、擔任職務	備　註
吳欽烈	1928.12	浙江	芝加哥大學化學碩士、安得那炸藥公司、浙江省公立學校應用化學教授兼系主任、1932 籌建軍政部理化研究所、1932.4 赴美考察訂購化學廠設備及羅	C：期 57；E：22；F：頁 52；G：頁 266

〔註74〕　〈軍政部兵工署條例草案〉，〈國防部組織法令案（一）〉，《國府檔案》，國史館藏，典藏號：001－012071－0314，入藏登錄號：001000001167A，1928 年 11 月 21 日，001012071314078a－001012071314083a。

〔註75〕　上海市檔案館全宗蔣○18 目 108 卷，〈兵工署職員錄〉，中國近代兵器工業檔案史料編委會編，《中國近代兵器工業檔案史料》，冊 3，頁 55~56。

〔註76〕　陳修和，〈有關上海兵工廠的回憶〉，中國兵工學會兵工史編輯部編，《兵工史料》，輯 2，頁 158。

姓名	任期	籍貫	學經歷、擔任職務	備　註
			致人才、1933.7 兼鞏縣化學廠籌備處長、1933.10 技術司長、1936.2 鞏縣化學分廠長	
吳沆	1928.12～1934.7	不詳	美國史丹福大學化工學士、芝加哥大學化學碩士、1922 河南督軍公署兵工參事、1930.11～1931.4 開封兵工廠長、1934.7 兵工署技術司理化研究處長	B：期 3711；C：期 57；F：頁 52，55
張春浦	1928.12～1929.11	湖北	1928 入黨、日本士官學校野砲兵科畢業、1928.8～1929.7 陸軍第十師二十八旅旅長、1929.7～1931.12 上海兵工廠副廠長、1932.12 軍事參議院參議、1936.1 陸軍中將	C：期 57、222、324、950、1004、1957；G：頁 52
張羣	1928.12～1929.10	四川	同盟會成員、日本士官學校砲兵科畢業、1917.11 大元帥府參軍、1923.4 陸軍中將、1924.11 交通部航政司長、1925.1 河南全省警務處長、1928.2 軍事委員會委員、1928.4～1929.8 上海兵工廠長、1928.10～1929.4 行政院軍政部政務次長、1928.11～1929.4 兵工署長、1932.8～1933.9 軍事委員會北平分會委員、22.7 湖北省政府委員兼主席	A：期 20；B：期 317、2481、2551、3097、3120、3121、3150；C：期 33、52、8、12、57、109、115、127、128、135、141、190、224、252、269、295、501、582、915、970、1177、1244、1559；E：頁 10
李待琛	1928.12	湖南	1926 入黨、日本帝國大學造兵科工學士、廣東兵工廠總工程師、哈佛大學冶金學博士、湖南鐵工廠長、湖南大學行政委員會委員長、國民革命軍第四十軍政治部主任、上海兵工廠鋼鐵廠主任、1928.12 兵工署科長、1933.10 資源司長、1934.9 兵工專門學校校長	C：期 49、57；E：頁 24；F 頁 52；G：頁 447
杜巍	1928.12	不詳	日本東京帝國大學火藥科畢業、1923.1 陸軍工兵上校、1923.6 漢陽兵工分廠長、1924.5 陸軍少將	B：期 2458、2596、2923；C：期 57；F：頁 52，55

姓名	任期	籍貫	學經歷、擔任職務	備　註
毛毅可	1928.12 ～ 1930.12	浙江	德國柏林工業大學畢業、1928.12～1930.4 兵工署監察科長、1933.12～1937.7 鞏縣兵工廠長	C：期 57、437、654、1313、2399；F：頁 52，55
胡霨	1928.12 ～ 1932 1937.1 ～ 1939.1	四川	德國漢諾甫城工業大學機械科畢業、1928.12～1931.3 兵工署檢驗科上校科長、1934.7 軍械司代司長	C：期 49、57、732；F：頁 52，54；G：頁 447
鍾毓靈	1928.12 ～ 1932.4	不詳	1913.6 陸軍二等測量正、步兵少尉、1930.11～1932.4 兵工署監祭科長、1932.8～1933.2 兼漢陽兵工廠長、1933.8～1933.11 陸軍砲兵學校印刷管理員	B：期 397、559；C：期 57、5、1215、1281，F：頁 52；G 頁 446
黃璧	1928.12	不詳	日本東京帝國大學工業部造兵科、1936.3 陸軍步兵上校、1930 鞏縣兵工廠長	黃璧：F：頁 52，55；G：頁 455。

資料來源：A、《軍政府公報》

　　　　　B、《政府公報》

　　　　　C、《國府公報》

　　　　　D、國史館藏，軍事委員會侍從室資料（下稱侍從室資料）。

　　　　　E、聯勤總部生產署四週年紀念刊編委會編，《聯勤總部生產署四週年紀念刊》

　　　　　F、中國近代兵器工業檔案史料編委會編，《中國近代兵器工業檔案史料》，冊 3

　　　　　G、中國近代兵器工業編審委員會編，《中國近代兵器工業——清末至民國的兵器工業》

　　表 6 名單中，8 人有留學國外及軍火生產相關專長經歷，爾後擔任兵工署科長以上職務 2 人，廠長與副廠長 5 人；以學經歷論，化學與軍校各 2 人，冶金、火藥、造兵、工業、機械、軍職各 1 人，涵蓋多種專業，但總數只有 10 人以致組成單薄，且與軍火生產密切相關項目只有化學、冶金、火藥、造兵、工業與機械 6 種，不易面面俱到。

　　依留學國家與科系分類，以留日 4 人最多，專長是火藥、造兵科及軍校；

留美者主要具備化學專長，留德者則擅長工業、機械。其中 3 人以軍人身分出任兵工委員，可見兵工委員會自成立起，便有兼容技術專家與軍職人員的做法。

再以署長張羣的態度來看，其擔任署長的時間雖短，但前述他在民國 17 年（1928）4 月即擔任上海兵工廠長，此時上海兵工廠相當於國府所轄兵工廠的總廠；而在軍政部下設置兵工署，也出自他的建議。〔註 77〕兵工委員會成立後，張羣親任主任委員，羅致國內專家。〔註 78〕此舉對於提升兵工署的專業取向，有很大的影響。而張羣在民國 18 年（1929）4 月辭去兵工署長後，仍繼續擔任主任委員到該年 10 月，並鼓勵人才加入，其對兵工委員會的重視可見一斑。〔註 79〕

2、陳儀任內的兵工委員

陳儀擔任兵工署長的任期自民國 18 年（1929）4 月 13 日到民國 21 年（1932）4 月 2 日，前後長達 3 年，在抗戰前兵工署的發展中扮演承先啓後的角色。陳儀共任命助理委員 19 名，專任委員 16 名，如表 7 所示：

表 7：兵工委員簡歷表（1929.4～1932.4 任命）

姓名	擔任期間	籍貫	學經歷、擔任職務	備　註
宋式驫	1929.9～1931.11 專任委員	不詳	留學德國、1913.3 陸軍砲兵中校、1929.10～1931.11 主任委員、1929.12～1931.10 兵工署副署長、1931.10 上海兵工廠長、1934.4 陸軍大學校編譯主任	B：期 317；C：期 267、295、341、897、921、1404
楊繼曾	1929.10～1930.12 專任委員 1932.5 專任委員	安徽	同濟大學畢業、柏林工科大學畢業、瀋陽兵工廠砲彈廠廠長、1927.8 陸軍砲兵上校、1930.12 漢陽兵工廠副廠長、1931.12 上海兵工廠副廠長、1933 兼任國防設計委員會國	B：期 4054；C：期 306、654、950、7；G：楊繼曾，《楊繼曾九十回憶錄》（自行出版，1987），頁 19～21

〔註77〕聯勤總部生產署四週年紀念刊編委會編，〈歷任署長〉，《聯勤總部生產署四週年紀念刊》，頁 10。

〔註78〕聯勤總部生產署四週年紀念刊編委會編，〈歷任署長〉，《聯勤總部生產署四週年紀念刊》，頁 10。

〔註79〕以劉楚材爲例，即是受張羣邀請於 1929 年 11 月出任專任委員，此時張羣辭去署長已數月，可見其對此事持續關心。國史館編，〈劉楚材先生事略〉，《國史館現藏民國人物傳記史料彙編》，輯 17（臺北：國史館，1998 年），頁 504。

姓名	擔任期間	籍貫	學經歷、擔任職務	備　註
			防軍備委員會委員、1933.10兵工署行政司長、1945製造司長、兩度擔任專任委員	
劉楚材	1929.11專任委員	廣東	匹茲堡大學機械採礦工程師、陝西實業廳工礦科長、實業廳長、參事會參事、1931.12華陰兵工廠長、1935兼兵工署技術司訓練處長	C：期324、950；D：129000014607A；E：頁26；G：〈劉楚材先生事略〉，國史館編，《國史館現藏民國人物傳記史料彙編》，輯17，頁504
李輝光	1931.3～1933.9專任委員	不詳	留學美國、由助理委員升專任委員	C：期324、732、1248；G：陳修和，〈有關上海兵工廠的回憶〉，中國兵工學會兵工史編輯部編，《兵工史料》，輯2，頁161
林大中	1929.11～1932.10專任委員	浙江	國立中央大學物理系畢業、留日學習火藥、上海兵工廠藥廠主任、1937.7兵工署技術司電學室技佐	C：期324、38；D：129000017765A
譚寄陶	1929.11專任委員	不詳	美國民尼大學化學工程學士、愛沃華大學化學工程碩士、1927漢陽兵工分廠廠長、1932.9～1935.6漢陽火藥廠長	A：頁268；C：期324
白寶瑛	1930.4～1932.10專任委員	不詳	1924.1陸軍工兵上校、1926.11陸軍少將	B：期2804、3808；C：期450、38
趙以寬	1930.5～1931.11專任委員	不詳	1924.3陸軍少將、1928.8～1929.10北平特別市政府公安局長、衛生局長、因不能到差免職、1934.10～1936.1陸軍砲兵學校教育長	B：期2878；C：期85、229、300、462、921、1554、1951
李世瓊	1930.11～1934.6專任委員	四川	英國滿鳩司特大學工科、1924.9～1926.5武昌師大教授、1927.6～1928.7川康督辦公署顧問、1928.8～11中央大學副教授、1930入黨、1928.12～1930.10上海兵工廠工程師	C：期654、921、5；D：129000035149A

姓名	擔任期間	籍貫	學經歷、擔任職務	備　註
			兼主任、1931.10～1932.4 兵工署檢驗科長、1932.9～1933.6 駐滬辦事處長、1933.7～1934.6 滬廠清理處主任、1934.7～1938 行政司、製造司核料科長	
劉守愚	1931.2～1932.5 專任委員	無	東京帝國大學造兵科、1923.9 入鞏縣兵工廠，後任砲彈廠主任、1928 鞏縣兵工廠工務處長、1929 兵工委員會兼任委員、1930 資源司工業科長、購料委員會主任委員、1934.5 濟南兵工廠長、處理德州兵工廠結束事宜	A：頁 268～269；C：期 693、7；E：頁 28
張亮清	1931.2～11 專任委員	無	1914.1 國務院總務課課員兼國務院軍政課課員、1919.11 統計局僉事、1932.8～1935.1 陸軍大學校兵學教官、1935.4 陸軍少將、1935.11～1936.6 參謀本部廳長	B：期 603、616、788、1342、1698；C：期 693、921、18、1636、1717、1897、2087
莊權	1930.12 專任委員	江蘇	德國薩克森工業大學機械科畢業、德國國授機械工程師、1925.3～6 東北兵工廠工務處副技師、槍廠副技師、1925.6～1927.1 赴歐調查兵器特派員、1927.1～1929.7 東北兵工廠槍廠技師兼技術股主任、1929.8～1930.3 上海兵工廠工程師兼機器廠主任、1930.3～5 漢陽兵工廠機器廠主任、1930.6 上海兵工廠技術委員會專任委員兼機器廠主任、1931.3～12 兵工署檢驗科長、1931.5 參謀本部兼國防設計委員會專員、1931.11 兵工購料委員會主任委員、1932.11～1934.7 理化研究所物理系主任、1934.7 技術司砲兵器材科長、1936.9 砲兵技術研究處長、1937.1 技術司長	A：頁 265，446；C：期 693、732、921、956；D：1290000259 22A

姓名	擔任期間	籍貫	學經歷、擔任職務	備　註
王長春	1931.6～1933.9 專任委員	不詳	1927.6 陸軍一等軍需正、1926.12 陸軍步兵少尉	B：期 4006；C：期 788、1248、2222
趙英	1931.6 專任委員	不詳	1932.4 兵工署檢驗科長	C：期 788、5
歐陽煥	1931.11 專任委員	不詳	不詳	C：期 921
胡毓璋	1931.11～1933.3 專任委員	不詳	1928.12 陸軍步兵少校、1930.1 漢陽兵工廠長兼兵工學校校長	A：頁 453；B：期 1048；C：期 921、1085
賓步程	1931.11～1932.6 專任委員	湖南	德國柏林大學、金陵機器製造廠長	C：921、10 期；D：129000007749A
楊了嘉	1929.11～1931.3 助理委員 1931.11 專任委員	四川	法國里昂大學工業化學工程師、1923.8 大本營技師、天津造幣總廠總工程師、鞏縣兵工製藥廠籌備主任	C：期 324、732、921；D：129000017297A；G：《大本營公報》，期 25
龔積成	1930.11～1932.10 助理委員 1932.10 專任委員	不詳	同濟大學電機工科畢業、1929.4～11 設計科技術員	C：期 143、322、614、38；F：頁 52
汪瀏	1931.11～1933.3 助理委員 1933.3 專任委員	江蘇	德國波恩大學博士、北京大學教授、兵工署技術司第六科長、1934.10 兵工署應用化學研究所長	D：129000044224A；F：頁 269
周志宏	1929.11～1930.4 助理委員	江蘇	美國卡尼奇工科大學碩士、哈佛大學冶金工程師暨科學博士、美國羅倫城國家鋼管公司冶金室專任研究員、兵工署技術司技正、1930.4 上海煉鋼廠長、百水橋研究所材料試驗處長、兵工署材料試驗處長	C：期 324、437；D：129000016979A；E：頁 268
杜煒	1929.11～1930.8 助理委員	不詳	1928.2～7 軍事委員會軍械處駐甯軍械局長、1929.5～11 兵工署總務科長	C：期 34、73、176、324、555

姓名	擔任期間	籍貫	學經歷、擔任職務	備　註
周舜功	1929.12～1930.12 助理委員	不詳	不詳	C：期 335、654
朱驥	1930.5 助理委員	浙江	1929 入黨、日本九州帝國大學應用化學科工學士、1913 陸軍憲兵少校、中央軍事政治學校高級班軍用化學科主任教官、第八路總指揮部化學研究所長、兵工署資源司工業科長	B：期 390；C：期 473；D：129000017322A
王承黻	1930.5～11 助理委員	不詳	美國密西根大學航空科學系碩士、1927.10～1928.6 上海虹橋飛機工廠廠長、1928.4～8 軍事委員會航空處飛機工廠廠長、1929.6～1930.2 軍政部航空署航空工廠總工程師、1930.4～8 中央軍官學校高級班教官、1930.9～1931.3 漢陽兵工廠機器廠主任、1931.4～10 上海兵工廠研究室主任、1931.11～1932.9 上海兵工廠砲彈廠主任、1932.10～1934.7 中央航空學校工廠長、1933.7 中央航空學校工廠、1936.2～1937.4 航空委員會技術行政	C：期 47、80、191、386、473、632、1186；D：129000030052A
陳世鴻	1930～1932.5 助理委員	湖南	日本東京帝國大學工學部造兵科及法學部政治科畢業、1929.1～4 寧夏省製造廠長、1932.1～1933.6 上海兵工廠製砲廠主任、1933.7～1934.2 軍政部兵工廠服務員、1934.2～6 福建省政府參議、1934.6～1936.8 閩侯縣長、1936 年入黨	C：期 473、7、2342；D：129000098389A
華乾吉	1930～1931.12 助理委員	江蘇	德國柏林大學醫學院醫學博士、德國基耳大學哲學博士、1926.3～1930.1 東三省兵工廠正技師、1926.8～1928.7 東北大學教授、工作不力免職、1931.3～1932.8 中央工業試驗所長	B：期 4054；C：期 79、1085；D：129000108158A

姓名	擔任期間	籍貫	學經歷、擔任職務	備　註
趙學顏	1930.3～1932.6 助理委員	不詳	同濟大學工學院機械科工學士、德國柏林大學彈道科工程師、1925.2～1928.1 遼寧兵工廠彈廠技士、引信製造所長、1930.4～11 赴歐考察、1930.12～1933.12 鞏縣兵工廠彈廠主任、工務處長、1934.7～1937.4 兵工署技術司彈道科技正兼代科長、1936.7 任職中央修械所、1937.4～1938.10 技術司砲兵科長	C：期 509、11；D：129000001923A；F：頁 271
胡宗銓	1930.10～1932.5 助理委員	不詳	1912.3 陸軍部軍械局科員、軍械司副官、1922.4～1927.5 陸軍部技正、少將	B：期 2203、3333、3764；期 C：603、7；G：《臨時政府公報》：期 46
王仍	1930.10～1932.7 助理委員	不詳	法國巴黎高等工業學校機械科畢業、1927 上海兵工廠繪圖室及製槍廠主任、1930 上海兵工廠、金陵兵工廠製槍廠主任	C：期 362、15；F：頁 272
丁天雄	1931.3 助理委員	浙江	德國康斯勃勞工科大學化學工程師、1928.11 赴歐美考察、1929.11～1930.4 兵工署技術員、科員、1934.5 籌組應用化學研究所、1934.7 技術司彈道科代理科長、1937.7 彈道研究所專員	C：期 322、364、439、732、739；D：129000034396A；F：頁 270
邢導	1931.3～11 助理委員 1932.7 助理委員	浙江	美國伊利諾大學鐵路機械科碩士、1930.9～19.3110 東北大學工廠工務部長、1932.8～1935.6 漢陽兵工廠主任、1935.6～1936.12 兵工署技正	C：期 732、921、15；D：129000017746A
錢昌祚	1931.3～1931.11 助理委員	不詳	1913.4～7 河南都督府秘書、1931.12～1933.7 軍政部航空學校教育長	B：期 327；C：期 732、921、947、1185
劉先林	1931.12 助理委員	不詳	不詳	C：期 943
張連科	1931.12 助理委員	不詳	1919.5.7 陸軍步兵少校、1930.12～1931.12 兵工署技術員	B：期 1190；C：期 661、956

資料來源：A、中國近代兵器工業編審委員會編，《中國近代兵器工業——清末至民國
　　　　　　　的兵器工業》

　　　　　B、《政府公報》

　　　　　C、《國府公報》

　　　　　D、國史館藏，侍從室資料。

　　　　　E、聯勤總部生產署四週年紀念刊編委會編，《聯勤總部生產署四週年紀念刊》

　　　　　F、中國近代兵器工業檔案史料編委會編，《中國近代兵器工業檔案史料》，
　　　　　　　冊 3

　　　　　G、其他

　　陳儀任內增聘多位委員，助理委員有 5 人後升為專任委員，確立由助理
委員擇優晉升的體制。主任委員方面，張羣卸任後由宋式驤接任，但於其免
職後不再設置。委員涵蓋專長類別與各單項人數多有成長，以專長區分，共
聘化學 7 人、冶金 2 人、火藥 2 人、造兵 3 人、工業 5 人、機械 6 人、軍校 2
人、軍公職 9 人、醫學、彈道、航空各 1 人、其他 5 人；民國 21 年（1932）
4 月陳儀卸任時計有化學 6 人、火藥 2 人、造兵 2 人、軍公職 5 人、機械 6 人、
工業、冶金、彈道、航空各 1 人、其他 5 人，整體專長學科得以充實。綜合
張羣時期，整體委員數較多的是化學、機械、造兵等方面，可見兵工署成立
初期發展重點所在。

　　此時期兵工委員大致維持在 31 至 43 人，陣容龐大，可見為廣增人才而
擴大選才範圍；但不滿 1 年就離職 10 名，流動率亦高，可能有規畫掌控不夠
確實之處。陳儀曾大量聘用軍公職身分者擔任兵工委員，總數甚至高居所有
類別的第一位，但到民國 21 年（1932）4 月已減至 5 人，可見應是借重其行
政實務經驗為主，但畢竟不能視為兵工委員的主流，其留任者亦不多。

　　依留學國家分類，陳儀時期的兵工委員以留德人士共計 10 人最多，雖然
最後只餘 6 位，仍分別多於留日與留美的人數。留德人士比例增加的背景因
素，除可追溯至前任署長張羣重用德國背景者，也和陳儀的取向有關。陳儀
與兵工生產的關係，源自其民國 17 年（1928）夏代表國府率團赴歐考察兵工。
〔註80〕該次考察的背景，在引進德國的軍火技術與產品。民國 18 年（1929）

〔註80〕辛達謨，〈德國外交檔案中的中德關係——民國十七年（一九二八）至廿七年
　　　　（一九三八）〉，《傳記文學》，卷 41 期 4（1982 年 9 月），頁 117～118。

返國後，陳儀身兼軍政部次長與兵工署長，加上屬於張羣新政學系一員，關係密切，這些可用以解釋爲何留德人士得以持續增加。

至於其他背景者，留日、美委員增加，而留法、英及我國同濟大學畢業人士則居絕對少數。科系方面，留德、日者多與兵工較有直接關聯，如火藥、造兵、彈道、機械等，至於美、英、法與我國則多偏向工業與科學領域。

就籍貫來看，江蘇、浙江人士多達 8 人，比例較高，而署長陳儀也是浙江人。〔註 81〕華人社會對於籍貫較爲重視，可能藉此互相援引提攜，但礙於籍貫不詳者仍多，只能推測有此趨勢，暫時無法做進一步的解讀。

就委員擔任職務來看，除部分不詳者外，多數委員均在署內或各廠擔任幹部，負責專業與管理工作。整體而言，陳儀擴充兵工委員的規模，使兵工署的核心成員大幅增加，能因應兵工署組織與業務規模持續擴充的需求，也爲未來改組儲備了人力資源。

3、洪中任內的兵工委員

第二任署長洪中的任期自民國 21 年（1932）4 月至民國 22 年（1933）1 月。〔註 82〕期間新任命的兵工委員人數較前二任略有縮減，但短期離職的情況大有改進，如表 8：

表 8：兵工委員簡歷表（1932.4～1932.12 任命）

姓名	擔任期間	籍貫	學經歷	擔任職務、備註
鄭家俊	1932.4～1933.3 專任委員	湖南	同濟大學機械科畢業、德國柏林大學機械科畢業暨特証工程師、上海兵工廠工務處長、1929.10～1931.10 漢陽兵工廠工務處長、副廠長、1932.4 兵工署監察科長、1933.2 漢陽兵工廠長兼工務處長、1935.7 兼漢陽火藥廠長	B：期 5、1085；C：129000016875A；E：頁 265～266
張郁嵐	1933.7 專任委員	江蘇	德國啓爾大學化學博士、1929.1～1931.8 兵工署技術員、1933.11 防毒面具廠籌備處主任、1934.10 技術司特種	B：期 143、846、7、1248；C：12900000198 3A；D：頁 54

〔註 81〕 國史館藏，侍從室資料，典藏號 129000098314A，〈陳儀〉。
〔註 82〕 〈歷任署長〉，聯勤總部生產署四週年紀念刊編委會編，《聯勤總部生產署四週年紀念刊》，頁 12。

姓名	擔任期間	籍貫	學經歷	擔任職務、備註
			兵器科長、1933.11 防毒面具廠籌備處兼主任、1934.10 技術司特種兵器科長、由助理委員升為專任委員	
高孔時	1931.12～1934.3 專任委員	不詳	德國砲工大學要塞科、砲工系畢業、1922.2 陸軍部科長、1927.2～12 山東兵工廠參議兼總審計處長、1927.6 陸軍中將、1928.1～6 直隸兵工廠長、1928.6～8 國民革命軍第三集團軍十一軍團總指揮部高等顧問、1928.9～1931.11 山西太原兵工廠技監、山東兵工廠參議兼總審計處長、1932.6～1933.12 兵工署制式兵器委員會委員、1935.10～1937.3 參謀本部購料委員	A：期 387、2130、4006；B：期 7、1376；C：129000002019A
壽昌田	1932.5～1933.4 專任委員	不詳	日本陸軍預備學校振武學校畢業、1912.4～1914.8 浙江陸軍被服廠長、1929.9～1931.4 兵工署總務科長、1931.4～1932.4 代理兵工署長、1935.10～1937.8 福建省銀行總經理	B：期 324 期、10；C：129000047484A；E：頁 127～133
方兆鎬	1932.4～1937.9 助理委員	浙江	東京工業大學機械科畢業、1926.2～1927.6 上海兵工廠製圖室主任兼工務處長、1929.3～1930.4 重慶兵工廠總工程司兼工務處長、1930.10～1932.3 兵工署鞏縣兵工廠工務處長、1933.7～1936.5 甘肅製造局長、1936.11～1937.7 廣東第二兵工廠工務處長兼主任秘書	B：期 7；C：1290000 40951A
陳瓚	1932.6 助理委員	不詳	日本東京高等工業學校畢業、1916.11 陸軍步兵上校、1929.12～1932.6 兵工署監察科技術員	A：期 319；B：期 339、11、12；D：頁 55
陳哲生	1932.10～1933.9 助理委員	浙江	法國巴黎大學理學院碩士、中央大學教授、1930.11～1932.6 兵工署科員、1933.9 監查科長	B：期 633、12、38、1248；C：12900010 1456A；F：頁 446

資料來源：A、《政府公報》

　　　　　B、《國府公報》

　　　　　C、國史館藏，侍從室資料。

　　　　　D、中國近代兵器工業檔案史料編委會編，《中國近代兵器工業檔案史料》，
　　　　　　　冊3

　　　　　E、中國近代兵器工業編審委員會編，《中國近代兵器工業——清末至民國
　　　　　　　的兵器工業》

　　洪中任內共聘化學 7 人、火藥 2 人、造兵 2 人、工業 4 人、機械 8 人、
軍公職 5 人、冶金、彈道、砲工、物理、軍校各 1 人、其他 4 人；卸任時有
化學 7 人、工業 3 人、機械 6 人、軍公職 3 人、冶金、火藥、砲工、物理、
軍校各 1 人、其他 4 人。相較陳儀時期，化學、機械專長仍為人數最多的項
目，並增加物理與砲工各 1 位；非軍火專業與冷門科系者繼續減少，呈現專
業化與菁英化的趨勢。總人數減為 28 至 37 人，但專業背景、學經歷更符合
兵工署本職學能需求。留學國別方面，留美、德、日人士數量的呈現穩定發
展，加上委員總數減少，留外人士比例因而提升，如此對專業程度提高有所
幫助。

　　此時因九一八、一二八事變爆發，對日備戰成為國府重要政策。民國 21
年（1932）召開的國民黨四屆二中全會，確立長期抗日方針，國防、兵工方
面的議定為：確實施行軍事委員會所定全國防衛計畫；以科學的應用，求武
器及兵工材料之充實。〔註 83〕洪中本身為化學專長出身，對此相當重視，同
年 5 月派專任委員吳欽烈赴歐美考察國防化學工業，計畫購買軍用化學設備，
招聘技術人員，籌建新的國防化學工廠以為因應。〔註 84〕此舉為日後兵工署
擴大發展化學軍備奠定重要基礎。

4、俞大維任內的兵工委員

　　俞大維接任署長後，由於兵工委員任免自民國 23 年（1934）4 月起不再

〔註83〕　〈孫委員科等所提確定長期抗日方針案〉，〈中國國民黨四屆二中全會軍政案
　　　　　（一）〉，《國府檔案》，國史館藏，典藏號：001－070000－0023，入藏登錄號：
　　　　　001000005508A，1932 年 3 月 4 日～11 日，001070000023003a－001070000
　　　　　023018a。
〔註84〕　中國近代兵器工業編審委員會編，〈洪中〉，《中國近代兵器工業——清末至民
　　　　　國的兵器工業》，頁 261。

公告於《國府公報》，此後任命情形逐難窺全貌，但仍可從若干側面史料還原其實際樣貌。茲就目前所能尋得之資料來源，整理如表9。

表9：兵工委員簡歷表（1933～1937任命）

姓名	擔任期間	籍貫	學經歷、擔任職務	備 註
江杓	1933.9 專任委員	上海	德國漢諾威工業大學畢業、柏林工業大學畢業、德國國家特許工程師、1926.5～1927.2奉天大冶廠機械秘書、1929.9～1931.9馮庸大學工廠主任、1931.9～1932.4漢陽兵工廠步槍廠主任、1932.5～1933.7兵工署理化研究所研究員、1934.7～1936.8技術司設計處長、1935.5～1936.7駐德國重兵器驗收團主任、1936.8～1937.5技術司長兼百水橋研究所所長、1936.11接收廣東第二兵器製造廠委員會副主任委員、1937.5廣東第二兵工廠廠長	B：期 1248；C：129000099323A；E：頁266；F：頁30；G：〈江杓先生行述〉，國史館編，《國史館現藏民國人物傳記史料彙編》，輯16（臺北：國史館，1998 年），頁28～29
梁強	1934.9～1936.12 兵工委員	浙江	日本京都帝國大學土木工程科、1916.10～1918.6湖南工業學校教授、1918.7～1919.12漢陽兵工學校教務長、1931 年入黨、1933.11～12陸軍工兵學校技師、1934.9～1936.12軍政部兵工學校教務主任、1937.1～8砲兵技術研究處工程組主任	A：期 1048；B：期 1321、1554；C：129000003235A；D：頁269
鄧演存	1936～1937 兵工委員	廣東	保定軍校畢業、1924.9陸軍砲兵上校、1925.5廣東兵工廠管理委員會委員、1926.9～1929漢陽兵工廠廠長兼漢陽兵工專校校長、1935.12～1936廣東第二兵工廠廠長	A：期 3047；C：129000050898A；E：頁 259～260，453，458；G：《大本營公報》，13 號
陳修和	1936 兵工委員	四川	黃埔軍校砲科、蔣介石侍從副官、上海兵工廠技術員、法國高等兵工學校留學、1936 兵工專門學校教官	E：頁 273；G：陳修和，〈有關上海兵工廠的回憶〉，中國兵工學會兵工史編輯部編，《兵工史料》，輯2，頁 153

姓名	擔任期間	籍貫	學經歷、擔任職務	備　註
方光圻	1937.7 兵工委員	江蘇	兵工學校第二屆畢業、美國芝加哥大學物理研究所畢業、1927.5～1928.7 北平清華大學教授、1928.8～1932.7 中央人學理學院教授主任、1936 入黨、1932.10～1934.7 理化研究所研究員、1934.7～1937.7 兵工署技術司技正	C：129000099046A；E：頁 267；G：崔雲清，〈兵工學校的兩位兵工人物——方光圻、呂則仁〉，《傳記文學》，卷 68 期 3（1996 年 3 月），頁 115
胡天一	1937 兵工委員	不詳	法國里洛工業大學機械科畢業、比國京都工業大學鋼鐵建築科畢業、1929.4～1930.7 兵工署技術員、1930.5～11 監察科長、1932.6 濟南兵工廠長、1937.3 兵工署駐滬辦事處長	B：期 143、479、521、614、12；D：頁 54，69～70
李維成	1933.9 助理委員	不詳	江南製造局兵工學校機械科畢業、留美學習機械製造、1919.8 漢陽兵工廠機器廠主任、1934.11 兵工署製造司考工科長	B：期 1248；E：頁 270
萬斯選	1933.9～1934.3 助理委員	江西	日本第一高等學校理科、京都帝國大學工學院土木科工學士、1929.8～1930.12 江西省公路處技正、1929.11～1933.10 兵工署技術員、1933.2～1934.6 南昌市政委員會總工程司	B：期 322、1248、1258、1376；C：12900 0101458A

資料來源：A、《政府公報》

　　　　　B、《國府公報》

　　　　　C、國史館藏，侍從室資料

　　　　　D、中國近代兵器工業檔案史料編委會編，《中國近代兵器工業檔案史料》，冊 3

　　　　　E、中國近代兵器工業編審委員會編，《中國近代兵器工業——清末至民國的兵器工業》

　　　　　F、聯勤總部生產署四週年紀念刊編委會編，《聯勤總部生產署四週年紀念刊》

　　　　　G、其他

　　自俞大維就任到抗戰前，兵工署聘有化學 8 人、工業 4 人、機械 9 人、物理 3 人、軍校 2 人、軍公職 3 人、冶金、火藥、兵工、砲工、土木各 1 人、其他 4 人；至 1937 年 7 月有化學 6 人、工業 3 人、機械 8 人、冶金、火藥、兵工、物理、軍校、軍公職各 1 人、其他 3 人。自俞大維就任到抗戰，委員數約維持在 30 人左右。期間機械與工業專長者增加，機械背景的兵工委員居第 1 位；化學專長者維持在前 2 名。火藥、兵工專長降到各 1 人，非專業項目的軍校、軍公職等則持續減少。

　　依照留學國別分析，俞大維共任用 9 位留德委員，人數最多，但到民國 26 年（1937）7 月只留任 6 位，略少於留美的 7 位；留日與軍職人士大幅減少，象徵這兩類委員已退居次要。自民國 23 年（1934）起，受任命者均統稱兵工委員，專任與助理委員的界線至此已趨向模糊而不再強調。考量軍公職背景者減少的趨勢，這應是委員整體素質提升導致的結果，如此更能依據專長分派工作，避免因身分區別導致官僚主義的流弊。

　　對照前表，此時期兵工委員在署內及各兵工廠、研究所等單位重要職務，均已普遍任職，顯示出兵工署對於兵工委員的重視與運用情形。

（三）兵工委員會的功能

1、綜合國內軍火生產專業人才

　　民初國內軍火專業人才流動性頗大，甚至可能前往地方勢力控制的兵工廠任職，而陸軍部與軍械司對此並不干涉。以兵工署第 3 任署長洪中為例，早先於北洋政府漢陽鋼藥廠、鞏縣兵工廠任職，後又前往太原兵工廠、東北兵工廠工作。〔註85〕任由軍火生產專家前往地方勢力掌控的兵工廠任職，對於中央政府的軍事實力必將造成影響；而且以國防角度觀之，任由人才四散各廠，不僅缺乏妥善規畫，也不符合經濟與效率原則。北伐結束後，國府透過兵工委員會的設置，逐漸將相關人才收攏，集中化管理，此後優秀的軍火人才，尤其是留外人士，開始向國府集中。相較之下，地方勢力控制的兵工廠，就很難招致量多質優的軍火工業專家。

　　少數情況下，授予兵工委員身分則有收攏人心的意味。例如前漢陽兵工廠長、粵軍重要人物鄧演存，後任廣東第二兵器製造廠廠長；民國 25 年（1926）

〔註85〕　〈歷任廠長〉，聯勤總部生產署四週年紀念刊編委會編，《聯勤總部生產署四週年紀念刊》，頁 12。

兵工署接收該廠時，鄧演存因其弟鄧演達被蔣介石處決一事，未擔任接收委員會主任，但仍被任命爲兵工委員。〔註86〕像這樣與國府疏遠人士的兵工委員任命，除表示禮遇外，主要考量應在於建立聯繫的必要性。

2、精進技術與專業分工

兵工委員會人才薈萃，負責在署內對重要議題進行研究。以制式兵器的選用爲例，根據民國 17 年（1928）〈軍政部兵工署條例草案〉，兵工委員會專任兵器器材之改良及調查各國兵工狀況。〔註87〕兵工署於民國 18 年（1929）6 月將此納入兵工會議討論議題中，當時的專任委員皆列爲出席會員。〔註88〕會後編印〈制式兵器意見書〉、〈制式兵器商権書〉及〈制式兵器芻議〉等資料，供作研討；民國 21 年（1932）再將對於規定制式兵器之全部意見，及多次開會討論之重要決議，印成〈制式兵器會議錄〉。〔註89〕可見兵工委員會扮演的角色，主要是以專業爲本，對技術提升做出具體可行的建議，其決議亦多能體現在兵工署的行政措施中。

據民國 20 年（1931）〈國民會議政治總報告〉，兵工署以兵工委員會爲基礎，將專業人員分科擔任研究工作；設立化驗室，專司化驗關於兵器之各品；並成立理化研究所。〔註90〕同年 10 月起，每週召開常會，署長、科長及兵工委員均須出席，研究改良兵器。〔註91〕兵工委員會是兵工署技術導向的象徵，以人才集中爲基礎，將分工進一步專業深化，對於兵工署持續進行的專業導向具有重要意義。

3、兵工署行使職權的象徵

當兵工委員對外代表兵工署，執行中央行政管理或交辦工作時，官方、

〔註86〕 〈鄧演存〉，中國近代兵器工業編審委員會編，《中國近代兵器工業──清末至民國的兵器工業》，頁 259～260。

〔註87〕 〈軍政部兵工署條例草案〉，〈國防部組織法令案（一）〉，《國府檔案》，國史館藏，典藏號：001－012071－0314，入藏登錄號：001000001167A，1928 年 11 月 21 日，001012071314078a－001012071314083a。

〔註88〕 〈兵工會議昨日開幕〉，《中央日報》，18 年 6 月 16 日，版 1。

〔註89〕 聯勤總部生產署四週年紀念刊編委會編，〈中華民國開國後之兵工生產沿革〉，《聯勤總部生產署四週年紀念刊》，頁 210。

〔註90〕 〈國民會議軍事軍政事項報告〉，〈國民會議政治總報告（一）〉，《國府檔案》，國史館藏，典藏號：001－011110－0023，入藏登錄號：001000000087A，1931 年 5 月 30 日，001011110023034a－001011110023035a。

〔註91〕 〈兵工署注意改良兵器〉，《中央日報》，1931 年 10 月 25 日，版 8。

媒體或民間社會多會以兵工委員稱之，而較少稱呼該員的其他職銜。〔註 92〕
可見兵工委員角色的重要性，對外界或署轄機構而言，具有代表兵工署此一
中央行政管理機構的特性，也是兵工署由上而下進行直轄、行使職權的代表
與象徵。而自北伐結束到抗戰前，兵工署與兵工廠重要職務及任務，亦多以
具備兵工委員身分者出任，可見其受到器重的情形。兵工委員擔任重要職務
情形如表 10 所示。

表 10：兵工委員擔任重要職務人數統計表（1928.1～1937.7）

職務	兵工署科長以上職務	兵工廠或兵工學校主任以上職務	出國考察、採購或驗收	接收地方廠局或籌設新廠、研究所等
人數	25	23	2	10

資料來源：

（一）人物檔案：國史館藏，軍事委員會委員長侍從室資料，典藏號 129000016979A
，〈周志宏〉，129000017322A，〈朱驥〉，129000098389A，〈陳世鴻〉，12900000
1923A，〈趙學顏〉，129000034396A，〈丁天雄〉，129000017746A，〈邢導〉，129
000044224A，〈汪瀏〉，129000014607A，〈劉楚材〉，129000017297A，〈楊子嘉〉，
129000035149A，〈李世瓊〉，129000025922A，〈莊權〉，129000016875A，〈鄭
家俊〉，129000002019A，〈高孔時〉，129000101456A，〈陳哲生〉，12900000198
3A，〈張郁嵐〉，129000040951A，〈方兆鎬〉，129000099323A，〈江杓〉，129000
003235A，〈梁強〉。

（二）史料彙編：中國近代兵器工業編審委員會編，《中國近代兵器工業——清末至
民國的兵器工業》，頁 266、272、268、270、273、446、453；上海市檔案館全
宗蔣○18 目 108 卷，〈兵工署職員錄〉，1929 年 4 月 1 日，中國近代兵器工業
檔案史料編委會編，《中國近代兵器工業檔案史料》，冊 3，頁 54～55。

（三）官方公報：《國府公報》，期 5、7、34、73、176、267、295、306、324、341、
555、654、788、897、921、950、1404。

（四）專書：聯勤總部生產署四週年紀念刊編委會編，《聯勤總部生產署四週年紀念
刊》，頁 10、22、24、28。

〔註92〕 如報紙新聞便常報導兵工委員相關消息。〈兵工常識會昨講彈藥概說由委員黃
璧演講〉，《中央日報》，1929 年 3 月 10 日，版 4；〈兵工署整理各地軍械庫〉，
1934 年 11 月 7 日，版 3。

根據表 10，可知兵工委員身分的另一特性，在於對其個人專業的認證，可對技術人員進行學識與能力的甄別，進而達到精進專業的目的。此外兵工委員有較多機會被派任廠長、署內司科負責人、驗收任務等重要職務，一方面基於個人本質學能的標準已受肯定，另一方面則透過其兵工委員身分，再次宣示兵工行政管理中央化的體制。兵工委員制度對於兵工署，實有重要與深層的功能。

二、兵工學校

根據民國 17 年（1928）公布〈軍政部條例〉，兵工署有管轄各兵工學校之責。〔註 93〕而當時國府所轄有者，為民初建立的漢陽兵工專門學校。以下將對兵工學校的發展演變進行探討。

（一）北伐前的兵工學校

民國初建時，國內兵工技術人員的教育體系，計有保定軍械學堂，以及上海製造局自設的兵工學校，但並未持續辦理；民國 2 年（1913）1 月，湖北兵工廠為造就專門人才，進求造兵獨立起見，呈請就廠內先設兵工學校 所，陸軍部以無財力與學生為由，未予接受。〔註 94〕民國 6 年（1917）1 月，兵工督辦處為擴廠弘教，使教學與實習並重，議倡就廠設校。〔註 95〕後定名為陸軍部漢陽兵工專門學校，招收第 1 期學生 50 名，民國 7 年（1928）1 月復收第 2 期學生 50 名。〔註 96〕由漢陽兵工廠總辦劉慶恩辦理，校址設於廠內，招收舊制中學畢業生，定訓練期 4 年。〔註 97〕至民國 10 年（1921）1、2 期畢業生合計只

〔註93〕〈國民政府行政院軍政部條例草案附編制表〉，〈國防部組織法令案（一）〉，《國府檔案》，國史館藏，典藏號：001－012071－0314，入藏登錄號：00100000 1167A，1928 年 11 月 21 日，0010120713314035m－0010120713140 36m。
〔註94〕北洋政府陸軍部檔案，〈湖北兵工廠關於開設兵工學校及陸軍部批文〉，1913 年 2 月，中國近代兵器工業檔案史料編委會編，《中國近代兵器工業檔案史料》，冊2，頁 401～405。
〔註95〕程路，〈兵工學校〉，聯勤總部生產署四週年紀念刊編委會編，《聯勤總部生產署四週年紀念刊》，頁 284。
〔註96〕二檔七七四 313，1948，〈兵工學校史料〉，〈本校簡史〉，中國近代兵器工業檔案史料編委會編，《中國近代兵器工業檔案史料》，冊3，頁 1296～1297。
〔註97〕程路，〈兵工學校〉，聯勤總部生產署四週年紀念刊編委會編，《聯勤總部生產署四週年紀念刊》，頁 284。

有 18 人，成效顯然不彰；〔註98〕民國 11 年（1922）4 月更以經費支絀停辦。〔註99〕至民國 14 年（1925）漢陽兵工廠總辦劉文明呈請續辦，自兼校長，仍收舊制中學及甲種工業學校畢業生，設造兵、製藥兩科，招收 40 名學生。〔註100〕

漢陽兵工廠發展兵工學校的基礎條件與動機，主要在於地理位置與環境特性。武漢三鎮爲水陸交通樞紐，學校林立，工廠遍設，漢陽兵工廠得此地利，更兼人才集中，業務較他廠發達。〔註101〕由於學生來源不虞匱乏，漢陽兵工廠對於技術人員也有相當需求，再加上主事者的遠見與企圖心，才使漢陽兵工專門學校得以建立並維持。

（二）國府的接管與發展

民國 15 年（1926）9 月革命軍底定武漢，漢陽兵工專門學校由國府接管，派鄧演存廠長兼主校務。〔註102〕爲擴大招生，民國 18 年（1929）5 月起在各大報刊登招生廣告。〔註103〕同月 29 日，軍政部公布軍政部漢陽兵工專門學校章程，然此章程與北洋政府時期漢陽兵工專門學校章程的雷同度頗高，不同之處在於造兵科改名爲製機科，但課程內容無太大改變；較特別的是增加黨義一科，此爲國民黨主政下爲增加政治認同所做的安排；爲因應北洋時期畢業比例過低的教訓，招生對象擴大爲中學修業 2 年即可報考，範圍略有放寬，而學生享有公費待遇，有實習與分發服務的責任義務，被開除或退學須賠償公費；廠長兼任校長，教職員以兵工廠人員兼任爲優先，其次才聘請專任教務人員，可見仍維持廠方自辦及職員兼任教職的模式。〔註104〕經費則透過兵

〔註98〕 二檔七七四 313，1948，〈兵工學校史料〉，中國近代兵器工業檔案史料編委會編，《中國近代兵器工業檔案史料》，冊 3，頁 1296～1297。

〔註99〕 北洋政府陸軍部一〇一一 1818，〈陸軍部關於漢廠附設兵工學校停辦致楊文愷指令〉，1923 年 4 月 15 日，中國近代兵器工業檔案史料編委會編，《中國近代兵器工業檔案史料》，冊 2，頁 410～411。

〔註100〕 二檔七七四 313，1948，〈本校簡史〉，中國近代兵器工業檔案史料編委會編，《中國近代兵器工業檔案史料》，冊 3，頁 1296～1297。

〔註101〕 程路，〈兵工學校〉，聯勤總部生產署四週年紀念刊編委會編，《聯勤總部生產署四週年紀念刊》，頁 284。

〔註102〕 程路，〈兵工學校〉，聯勤總部生產署四週年紀念刊編委會編，《聯勤總部生產署四週年紀念刊》，頁 284。

〔註103〕 〈漢陽兵工專門學校〉，《中央日報》，1929 年 5 月 4 日，版 8；〈軍政部漢陽兵工專門學校招生廣告〉，《大公報》，1931 年 6 月 25 日，版 1。

〔註104〕 重檔，資料法規 374 卷，〈軍政部漢陽兵工專門學校章程〉，中國近代兵器工業檔案史料編委會編，《中國近代兵器工業檔案史料》，冊 3，頁 981～984。

工廠向軍政部申請。〔註 105〕此時兵工專門學校名義上由軍政部直屬，實際上和漢陽兵工廠有諸多牽連，從制度到運作，仍保留許多北伐前的做法。

　　國府奠都南京後，各軍事學校大多環駐首都附近。民國 21 年（1932）9月 20 日，兵工專門學校於南京中華門外落成，佃該年因爲經費困難，暫停招生。〔註 106〕民國 23 年（1934）8 月，利用報紙廣告，與中央軍官學校聯合招生。〔註 107〕從遷校南京，以及與中央軍官學校聯招來看，兵工專門學校逐漸被視爲國防整體性的一環，逐漸擺脫兵工廠或兵工署專屬技術訓練班的形象，較以往更受到重視。但兵工專門學校與一般軍校仍有相當程度的不同，如學生的服裝、領章皆不同於軍校生，且畢業後不能報考陸軍大學，以此宣示兵工學校學生與一般軍校生發展領域的不同；教育經費由兵工署相關費用勻支，不列在中央軍事學校預算中。〔註 108〕這些都說明了兵工專門學校的獨特性。

　　此時在兵工署的規畫中，將兵工專門人才分爲下列 3 種：

1、直接擔任製造之工匠，必須極爲熟練，暫時委任各廠自行負責辦理；

2、高級技術員，負責兵器之設計改良、兵工技術之審查研究，各種製造，檢查，試驗等標準之規定，所需人數較少，由各大學理工科 2 年修業之學生中選拔，授以專門教育；

3、普通技術員，任務爲兵器修理、檢驗保管、有關事項之處理。〔註 109〕

　　關於高級技術員教育，原有 4 年制專科班辦理，爲求革新，兵工專門學校於民國 23 年（1934）11 月 14 日另擬簡章呈核備案；〔註 110〕並於民國 25

〔註 105〕　程路，〈兵工學校〉，聯勤總部生產署四週年紀念刊編委會編，《聯勤總部生產署四週年紀念刊》，頁 284。

〔註 106〕　〈漢陽兵工學校下月由漢遷京本年暫不招生〉，《中央日報》，1932 年 8 月 25日，版 7。

〔註 107〕　〈各校招生中央軍官學校兵工專門學校〉，《中央日報》，1934 年 8 月 6 日，版 8。

〔註 108〕　崔雲清，〈兵工學校的兩位兵工人物——方光圻、呂則仁〉，《傳記文學》，卷68 期 3（1996 年 3 月），頁 115。

〔註 109〕　〈軍政部呈送兵工專門學校附設軍械技術班暫行簡章〉，〈兵工專門學校組織法令案〉，《國府檔案》，國史館藏，典藏號：001－012071－0351，入藏登錄號：001000001204A，1936 年 8 月 8 日，0010120713510 06a－001012071351010a。

〔註 110〕　〈軍政部呈送兵工專門學校簡章及系統編制一案轉呈備案由〉，〈兵工專門學校組織法令案〉，《國府檔案》，國史館藏，典藏號：001－012071－0351，入藏登錄號：001000001204A，1937 年 8 月，1934 年 11 月 14 日，00101207135 1006a－001012071351021a。

年（1936）4 月 29 日公布《軍政部兵工專門學校暫行條例》，與舊條例相較，主要更動有：增設造兵學、應用化學兩科，製藥科改爲應用化學科；課程方面增加德文課；校長、師資人員取消由兵工廠長或職員兼任的但書；修業年限 3 年，報考者須在各大學機械工業科、電機工學科或應用化學科修業期滿 2 年。〔註 111〕以上意味兵工專門學校校長與師資人員更能專注於教學事務；修習德語反映當時中德之間軍事合作密切，德國成爲軍事科技新知的重要來源；以大學相關科系肄業者修業 3 年，則能加速培育人才，使專門學校畢業生單就學科與修業年份而論，並不比日本的大學造兵科學生遜色。

　　至於普通技術員，署長俞大維認爲需要甚多，養成刻不容緩，遂於民國 23 年（1934）7 月呈准於兵工專門學校附設軍械技術班，招收高中或相當學校畢業生，授以 2 年半公費教育。〔註 112〕以養成具有處理軍械必須知識技能之軍械人員。修正《兵工專門學校暫行條例》與設置軍械技術班，確定軍火工業所需高級與普通技術員兩者的分野，以及不同的培育體系。如此更助於落實軍火生產的精確分工需求。

（三）經營成效

　　兵工專門學校的經營成效，可從學生來源素質、學校師資人才和學生畢業情形三個方向來分析。

1、學生來源與素質

　　兵工專門學校水準較一般大學爲高，主要由於低錄取率的入學考試，以及公費分發誘因。當時就讀一般大學開銷頗鉅，一般家庭難以負擔，〔註 113〕且畢業後工作難尋。兵工專門學校不但有公費待遇，畢業後更分發兵工署或各廠服務，甚有吸引力。〔註 114〕民國 18 年（1929）暑期在武漢、上海、北平

〔註 111〕〈軍政部兵工專門學校暫行條例〉，〈兵工專門學校組織法令案〉，《國府檔案》，國史館藏，典藏號：001－012071－0351，入藏登錄號：001000001204A，1936 年 8 月 8 日，001012071351045a－001012071351052a，001012071351069a 至 001012071351077x。

〔註 112〕〈軍政部呈送兵工專門學校附設軍械技術班暫行簡章〉，〈兵工專門學校組織法令案〉，《國府檔案》，國史館藏，典藏號：001－012071－0351，入藏登錄號：001000001204A，1936 年 8 月 8 日，001012071351006a－001012071351014a。

〔註 113〕崔雲清，〈兵工學校的兩位兵工人物——方光圻、呂則仁〉，《傳記文學》，頁 119。

〔註 114〕杜文若，〈對兵工學校的回憶〉，中國近代兵器工業編審委員會編，《中國近代兵器工業——清末至民國的兵器工業》，頁 422。

及廣州舉行第 2 期招生，到考者逾 2,000 人，初試、複試共錄取 80 人，錄取率爲 1 比 30。〔註 115〕

　　學生來源方面，原本高中學歷者即可報考，但兵工署注意到大學相關科系學生是培育高級技術員更理想的對象。民國 19 年（1930）12 月 10 日，特安排金陵大學理學科學生參觀金陵兵工廠，以提高其投身兵工業的意願。〔註 116〕23 年更規定正科生須於大學相關科系就讀 2 年方可報考。〔註 117〕兵工署收攬大學相關科系在學生，並以公費分發爲誘因，可以網羅到意願與基礎學力兼備的學生，進一步提升素質。

　　當時兵工專門學校入學時沒有入伍教育。〔註 118〕雖不若一般軍校注重軍事管理，但對學業成績要求嚴格，年度補考不及格者，1 科降級，2 科除名。〔註 119〕兵工專門學校的在校生通常不超過 200 人，每次招生也不過 30～40 人，班級人數較一般入學爲少，而實驗儀器、實習工廠及教學設備則更爲齊全。〔註 120〕這些條件有助於教學品質提升。學生並曾成立出版委員會發行刊物，民國 17 年（1928）10 月 20 日推出《新武器》，介紹及研究現代新兵器。〔註 121〕民國 19 年（1930）1 月再發行《兵工季刊》，以提倡兵工學術研究。〔註 122〕可見其學習精神與風氣均佳。

〔註 115〕崔雲清，〈兵工學校的兩位兵工人物——方光圻、呂則仁〉，《傳記文學》，頁 119。

〔註 116〕〈金大學生參觀金陵兵工廠〉，《中央日報》，1930 年 12 月 10 日，版 8。

〔註 117〕〈軍政部兵工專門學校暫行條例〉，〈兵工專門學校組織法令案〉，《國府檔案》，國史館藏，典藏號：001－012071－0351，入藏登錄號：001000001204A，1936 年 8 月 8 日，0010120713510 45a－001012071351052a，001012071351069a－001012071351072a。

〔註 118〕崔雲清，〈兵工學校的兩位兵工人物——方光圻、呂則仁〉，《傳記文學》，頁 115。

〔註 119〕〈軍政部兵工專門學校暫行條例〉，〈兵工專門學校組織法令案〉，《國府檔案》，國史館藏，典藏號：001－012071－0351，入藏登錄號：001000001204A，1936 年 8 月 8 日，001012071351045a－001012071351052a，001012071351069a－001012071351077x。

〔註 120〕杜文若，〈對兵工學校的回憶〉，中國近代兵器工業編審委員會編，《中國近代兵器工業——清末至民國的兵器工業》，頁 422。

〔註 121〕〈漢陽兵工專校出版委員會，第一種刊物——新武器〉，《中央日報》，1928 年 10 月 20 日，版 11。

〔註 122〕鄧演存，〈發刊詞〉，《兵工季刊》，號 1，頁 1，收入《民國珍稀短刊斷刊·湖北卷》，卷 1，頁 47。

2、學校師資人才

學校的師資與管理階層，分爲校長與教職人員兩部分討論。國府接收漢陽兵工學校之初，沿襲北洋時期做法，由漢陽兵工廠廠長兼任校長。直到民國 21 年（1932）9 月遷校南京後，才改由兵工署另派專人擔任。歷任校長如下表：

表 11：國府軍政部兵工專門學校校長一覽表
（1926 年 9 月至 1937 年 7 月）

姓名	校址	任　期	相關學經歷	備註
鄧演存	漢陽	1926.9～1929.12	保定陸軍軍官學校砲科、石井兵工廠副廠長	兼任
胡毓璋	漢陽	1930.1～1931.11	歷任軍職	兼任
黃公柱	漢陽	1931.12～1932.8	日本陸軍士官學校砲兵科、軍事委員會軍政廳軍械處處長	兼任
鍾毓靈	漢陽	1932.8～1932.9	東京帝國大學造兵科、兵工署監查科科長	兼任
許徵	南京	1932.9～1934.9	東京帝國大學冶金科	專任
李待琛	南京	1934.9～1937.7	東京帝國大學造兵科工學士、哈佛大學冶金學博士、兵工署資源司長	專任

資料來源：國史館藏，侍從室資料，典藏號 129000050898A，〈鄧演存〉；129000046322A，〈黃公柱〉；《政府公報》：期 1048；聯勤總部生產署四週年紀念刊編委會編，《聯勤總部生產署四週年紀念刊》，頁 24；《國府公報》：期 57、5、921、1085、1215、1281；中國近代兵器工業編審委員會編，《中國近代兵器工業——清末至民國的兵器工業》，頁 259～260、446、447、453、458。

根據表 11，就任期而言，除了黃公柱 9 個月，以及鍾毓靈兼任 1 個月後由許徵專任接掌外，其餘最短將近 2 年，最長則有 3 年之多，不算是調任頻繁。再比較學經歷，原先多爲軍人出身者擔任校長，自民國 21 年（1932）鍾毓靈開始，才以兵工相關背景者出任之。歷任校長中，較有作爲的是鄧演存與許徵。鄧演存是任期最長的一位，聘請兵工界知名人士擔任教師外，積極投入校務經營，在經費困難的情況下，努力維繫學校的運作。〔註123〕許徵於

〔註123〕湖南省檔案館全宗○目 11 卷宗 7，〈鄧演存給第一屆畢業生的訓詞〉，1929年 8 月 13 日，中國近代兵器工業檔案史料編委會編，《中國近代兵器工業檔

遷校南京以後就任，任內充實設備，增加編制員額，擴大教育班額，增設軍械技術班。〔註124〕兩人對於兵工學校的早期發展與承先啟後，有很大的重要性。

　　教職員方面，大多在兵工署的範圍內延聘有專長的學者，或早期的兵工專校畢業生擔任講師。〔註125〕其中不乏留學國外、學有專精的學者。遷校南京後，由於南京是兵工署與中央大學等學校所在地，遂有機會延聘兵工署的專家與大學教授兼課。但大學教授兼課的情形，要到抗戰爆發，兵工專門學校遷往四川以後，才真正普遍。〔註126〕

　　值得注意的是，兵工專門學校校長與教職員早先常由漢陽兵工廠幹部兼任。基於當時國內教育環境未盡理想，此種作法原無可厚非，然仍有未見周全之處。首先在廠長兼校長制度下，校務很難不受到廠務的牽動，必須多方遷就；廠長若因異動同時辭去校長，必導致校務調整與人事異動，影響其穩定性。再者人的心力有限，教職人員在兼職情形下，可能無法兼顧廠務與校務外，在具有相當危險性的兵工廠與兵工專門學校，更增加職業風險，稍有不慎將造成雙重的人才折損。例如，曾於民國 8 年（1919）任漢陽兵工廠電機課長的李承幹，兼任兵工學校教官，民國 10 年（1921）因事務繁雜，未能專心從事技術研究而去職。〔註127〕民國 18 年（1929）2 月 26 日，廠長兼校長鄧演存試擲手榴彈發生意外，右手炸斷數根指頭，並於年底辭去職務；同月，機器廠主任兼物理學教授連仲廉為釐清意外原因，亦發生意外，傷重不治。〔註128〕此事件除導致漢陽兵工廠的領導幹部 1 死 1 重傷外，更造成 4 項

　　　　案史料》，冊 3，頁 986；〈漢陽兵工專校出版委員會，第一種刊物——新武器〉，
　　　　《中央日報》，1928 年 10 月 20 日，版 11。

〔註124〕程路，〈兵工學校〉，聯勤總部生產署四週年紀念刊編委會編，《聯勤總部生產
　　　　署四週年紀念刊》，頁 284～285。

〔註125〕杜文若，〈對兵工學校的回憶〉，中國近代兵器工業編審委員會編，《中國近代
　　　　兵器工業——清末至民國的兵器工業》，頁 422。

〔註126〕抗戰內遷後，兵工學校與中央大學、重慶大學都位於重慶，此時大學教授多
　　　　生活困難，校方又尊重禮遇，到校兼課的意願才因此提高。杜文若，〈對兵工
　　　　學校的回憶〉，中國近代兵器工業編審委員會編，《中國近代兵器工業——清
　　　　末至民國的兵器工業》，頁 422。

〔註127〕鄭洪泉，〈國寶・功臣——抗戰時期戰鬥在兵工戰線上的李承幹〉，《紅岩春
　　　　秋》，5 月號（2005 年），頁 24。

〔註128〕飛鵬，〈轟然一聲〉，《兵專》，第 1 期，頁 245～246，《民國珍稀短刊斷刊・
　　　　湖北卷》，卷 1，頁 1808～1809。

重要職務的停擺。兵工專門學校遷往南京後，由於地位獨立化，校長亦改為專任制，此類問題漸有改善。

3、學生畢業情形

民國 18 年（1929）7 月，北伐前招收的學生畢業，為軍政部接管以漢陽兵工專門學校以來第一期畢業生。〔註129〕最初入學的 40 名學生，歷經戰亂紛擾，仍有 38 人完成學業分發實習，實屬可貴，可見國府對於維持兵工專門學校運作的重視。民國 22 年（1933）7 月，第二期學生 62 名畢業；民國 24 年（1935）7 月，第三期 28 人畢業，同年 9 月招收第四期 30 人；軍械技術班方面，民國 23 年（1934）7 月第一屆招收 47 人，民國 25 年（1936）8 月招收第二期 55 人，至民國 26 年（1937）2 月第一期計有 42 人畢業。〔註130〕總計在民國 17～26 年（1928～1937）之間，培訓了一般生 128 名，以及軍械技術班 42 名學生。

表 12：兵工學校畢業學生人數統計表（1929 年 7 月至 1937 年 2 月）

時　間	班　別	期別	畢業生人數
1929 年 7 月	一般	第一期	38
1933 年 7 月		第二期	62
1935 年 7 月		第三期	28
1937 年 2 月	軍械技術班	第一期	42
合　　　計			150

資料來源：〈本校簡史〉，中國近代兵器工業檔案史料編委會編，《中國近代兵器工業檔案史料》，冊 3，頁 1297。

根據表 12，就畢業學生人數來看，和北伐前相比已大幅增加，但相對於兵工署直轄各廠的人力需求來說，仍是不成比例。限制招生名額的原因，主要在於兵工署態度以及學校屬性。兵工署對於兵工學校的要求，向來重質不重量。〔註131〕兵工專門學校教職員與學生人數，約在 200 到 400 人之間。〔註

〔註129〕二檔七七四 313，1948，〈兵工學校史料〉，中國近代兵器工業檔案史料編委會編，《中國近代兵器工業檔案史料》，冊 3，頁 1296～1297。

〔註130〕二檔七七四 313，1948，〈本校簡史〉，中國近代兵器工業檔案史料編委會編，《中國近代兵器工業檔案史料》，冊 3，頁 1297。

〔註131〕杜文若，〈對兵工學校的回憶〉，中國近代兵器工業編審委員會編，《中國近代兵器工業——清末至民國的兵器工業》，頁 422。

132〕由於規模小，增加擴大招生與培訓的困難；又因採公費制，學校經費遂成為國府的一項負擔。這些因素限制了招生的程度。

學生畢業後，依據民國 22 年（1933）〈軍政部兵工專門學校畢業生分發及待遇暫行辦法〉，成績優異者分發各廠服務，其餘先行實習，遇缺再行分發。〔註133〕民國 25 年（1936）軍政部對此暫行辦法再加以修正，增列畢業生應於 1 個月內前往分發機關，不得遷延，以及成績最優者得由署申請出國留學的規定。〔註134〕持續穩定的軍火生產人才培訓管道，至此進一步確立。

小結

兵工署轄下組織中，兵工廠由北伐後期的大廠兼轄小廠的制度，逐漸調整為各廠分立直轄於兵工署，並藉中原大戰、廣東回歸中央等機會增加所轄廠數，到民國 26 年（1937）已控有 9 座主要兵工廠與材料廠，除展現出旺盛的意志力，也大幅增加國府兵工生產實力。期間發生上海兵工廠停辦、濟南兵工廠短暫交由韓復榘接管等事件，兩者皆有時勢導致的成分，但後者說明國府經濟困難的問題始終存在，並可能影響其直轄兵工廠的行動；地方勢力所轄兵工廠相當多，而國府與兵工署到抗戰前仍缺乏有效解決的辦法，可見大時代背景的條件限制仍是難以突破的。

相較對兵工廠均直轄於兵工署的做法，國府的軍械庫有著事權不一的問題，地點設置上必須考量剿共、防範地方勢力以及防範日本入侵等各種軍事行動，規劃上限制與困難頗多；加上軍械司到民國 23 年（1934）才歸屬於兵工署，導致國府軍械庫能進行統合性設計規劃的時間非常有限，幾乎到了與時間賽跑的急迫程度。如民國 25 年（1936）兵工署五年計畫中的軍械庫整建規畫，便是在國內情勢較為安定的情形下，以防日為主要目的，在重要地點

〔註132〕〈漢陽兵工學校下月由漢遷京本年暫不招生〉，《中央日報》，21 年 8 月 25 日，版 7；杜文若，〈對兵工學校的回憶〉，中國近代兵器工業編審委員會編，《中國近代兵器工業——清末至民國的兵器工業》，頁 422。

〔註133〕重檔，資料法規 374 卷，〈軍政部漢陽兵工專門學校章程〉，1933 年 8 月，中國近代兵器工業檔案史料編委會編，《中國近代兵器工業檔案史料》，冊 3，頁 987、992～993。

〔註134〕重檔，資料法規 81 卷，〈軍政部兵工學校畢業生分發及待遇暫行辦法〉，1936 年 12 月，中國近代兵器工業檔案史料編委會編，《中國近代兵器工業檔案史料》，冊 3，頁 987、992～993。

建置新式軍械庫的械彈存儲措施，但因日本於次年發動戰爭而未能及時發揮作用，殊爲可惜。但國府與兵工署在抗戰前累積的彈藥存儲與管理經驗，對於爾後國府的持續抗戰，仍具有重要意義。

兵工署的人才機構，有兵工委員會與兵工學校兩項。兵工委員會由被任命爲兵工委員的兵工專業人士組成，其並非十分具體化的機構，但在主事者的重視與倡導下，集合專門技術人員的作用十分顯著，爲兵工署集思廣益、派任要職的人才智庫，也是其注重兵工技術與專業的象徵。若以四位署長的任期爲分期比較，其成員在張羣時期，只有10人的小型編組，到陳儀任內廣招人才，規模擴大許多；至洪中、俞大維時期，人數逐漸控制在30人以內，學經歷則以留學外國之專門人士爲主。留德人士在大多數時候佔最高比例，這和當時國府與德國進行密切軍事合作的背景有關，而留日人士漸減，也和中日之間的緊張不無關係；但須注意留美人士的後來居上，此現象反映兵工委員的任用標準，實以才能與需求爲優先考量。

兵工學校早先沿襲北洋時期的設置，從後來遷往南京獨立設校、增開專科班擴大招生、以公費實習吸引素質較佳學生報考等做法，都顯示兵工署對兵工學校的重視與改良。從其在抗戰前招生與畢業人數均少的情形來看，和兵工委員會一樣都有菁英化的傾向，如此是否能滿足兵工署與各廠的人力需求，並合乎時間與經濟上的成本效益，頗待商榷。但考量兵工署自身並無大規模興學之能力，而當時國內大專院校又缺乏類似日本帝國大學造兵科之兵工專業求學管道，再者兵工體系重視科技專業，最忌濫竽充數。由此觀之，兵工學校以高標準進行菁英化教育，仍有其需要與考量。

第四章　兵工署人事管理

　　本章將先討論兵工署的核心人物──兵工技術人員的屬性，釐清兵工署人事的特別屬性，再分別對署長、廠長等管理職與其他非管理性質職員，以及負責基層生產的工人進行探討。

第一節　兵工技術人員的屬性

一、專業性

　　從兵工署隸屬於軍政部來看，其轄下之兵工技術人員亦屬於廣義的軍事體系，但從專長項目、待遇與服裝來看，其身分與軍人有所不同。軍政部曾於民國 18 年（1929）10 月 31 日公布〈兵工廠組織法訓令〉，規定技術委員會專任委員、工務處長、審檢處長、各級技術員、各廠主任、高級廠員等，非有兵工學識及專門技術者不得任用。〔註 1〕表明對兵工技術人員專業性的堅持。民國 19 年（1930）6 月宣布，兵工技術人員賦有專門學識，待遇上比較應予特優。〔註 2〕民國 23 年（1934）5 月公布〈兵工署技術人員劃分標準辦法〉，規定兵工署業務屬於技術部份者，計有工廠設計、工廠管理、工廠建築、工

〔註 1〕　貴州省檔案館全宗號 02 卷號 255，〈行政院頒布兵工廠組織法訓令〉，1929 年 10 月 31 日，中國近代兵器工業檔案史料編委會編，《中國近代兵器工業檔案史料》，冊 3，頁 231～233。
〔註 2〕　〈兵工技術人員撫卹辦法軍政部在最後審查中〉，《中央日報》，1930 年 6 月 1 日，版 7。

廠會計、兵工彈藥設計、製造檢驗、管理兵工原料與有關工業調查、研究及統制，兵工教育，以及兵工有關之科學研究等項，人員任用以技術出身專家為主，應照技術人員待遇；非技術出身者，但曾在兵工署暨所屬廠所或其他機械化學工廠服行技術工作有年，具專門經驗或成績卓著者亦可擔任；其餘人員概以陸軍官佐或同等待遇。〔註3〕軍政部將兵工技術人員與軍人做出區隔的作法，除可保持兵工署的專業性外，並希望藉較佳的待遇，吸引優秀人才參與兵工行列。

民國 25 年（1936）4 月 18 日，軍政部頒布〈兵工技術人員暫行服裝條例〉，其制服裝樣式、顏色類似陸軍冬常服，有等同於中將以下各軍階的領章，分為大禮服、常禮服、常服、工作服 4 種，前兩者為正式集會場合包括婚禮時專用，後兩者為平日工作與洽公時穿著。〔註4〕這樣的服裝規定除象徵兵工技術人員的正式性與嚴肅性，藉以整肅儀容，提升其自尊心，〔註5〕亦凸顯其與軍人之間的不同。

許多兵工技術人員並不具備國民黨員身分。〔註6〕此點顯現當局不甚強調黨政特性，尊重其專業身分的態度。而從民國 22 年（1933）12 月，蔣介石對於兵工人士帶有昔日衙門惡習十分介意，指示俞大維要求勿為腐化。〔註7〕可見軍政高層對於兵工技術人員態度上的優先要求，乃在於積極性、敬業、提高效率等方面。

二、黨員與人脈

訓政時期由國民黨主政，政府曾以軍政機關服務人員應與黨有深切關係

〔註3〕 〈兵工署技術人員劃分標準辦法〉，〈軍事機關官員任用法令案〉，《國府檔案》，國史館藏，典藏號：001－012043－0008，入藏登錄號：001000000606A，001012043008053a－001012043008062a。

〔註4〕 〈兵工技術人員暫行服裝條例〉，〈陸軍服裝條例（四）〉，《國府檔案》，國史館藏，典藏號：001－012307－0008，入藏登錄號：001000001576A，1934 年 5 月 4 日，001012307008097a－001012307008117a。

〔註5〕 李元平，《俞大維傳》，頁 51。

〔註6〕 以俞大維為例，自德返國後從沒想到非入黨不可，而國民黨方面也未對其提出要求。李元平，《俞大維傳》，頁 151。

〔註7〕 〈蔣中正電示俞大維力除兵工署中人員昔日衙門惡習勿為腐化〉，〈一般資料～民國二十二年（二十四）〉，《蔣檔》，國史館藏，典藏號：002－080200－00094－024，入藏登錄號：002000001483A，1933 年 12 月 26 日，002080200094024001a－002080200094024002a。

為由，鼓勵其入黨。〔註 8〕但兵工技術人員入黨的情形，普遍來說並不踴躍，以兵工委員為例，加入國民黨的情形如表 13：

表 13：抗戰前兵工委員參加國民黨情形統計表（1928.12～1937.7）

時期區分	兵工委員加入 國民黨人數	任命為兵工委員 總人數	兵工委員加入 國民黨比例
張羣時期	3	10	30%
陳儀時期	5	44	11.3%
洪中時期	3	37	8.1%
俞大維時期	5	38	13.1%

備註：（1）各個時期計算的兵工委員人數，以總數計，包括中途去職者。（2）離職後入黨者不計。

資料來源：國史館藏，侍從室資料，典藏號 129000017322A，〈朱驥〉；129000035149A，〈李世瓊〉；129000003235A，〈梁強〉；129000099046A，〈方光圻〉；聯勤總部生產署四週年紀念刊編委會編，《聯勤總部生產署四週年紀念刊》，頁 10、24。

　　根據表 13，兵工技術人員是否為國民黨員，在當時並非軍政部與兵工署選才與管理的首要考量，高層領導人如兵工署長俞大維、金陵兵工廠長李承幹便終身未入黨。〔註9〕根據筆者查閱侍從室資料顯示，兵工技術人員入黨是自抗戰爆發後才開始普遍，而到抗戰後期，多數人員參加黨員訓練班，並留下考評紀錄，可見國民黨對於兵工技術人員的黨員資格，是到抗戰後期才開始強調重視。但兵工技術人員仍須參加由黨發起的集會，如慶祝 10 月國慶的總理紀念週活動；〔註10〕舉辦黨員研究會，鼓勵研讀書刊並講演心得等。〔註11〕藉這類活動的舉辦，以鞏固兵工技術人員的向心力與政治認同。

　　高級技術人員中，彼此間多有同僚、師生、朋友，以及由居要職者認可邀請等情形。從身為署長的俞大維，到兵工委員楊繼曾、譚伯羽、李待琛、

〔註 8〕　〈各機關服務人員均須入黨行政院訓示各省市〉，《盛京日報》，1931 年 1 月 30 日，版 1。
〔註 9〕　李元平，《俞大維傳》，頁 151；鄭洪泉，〈國寶·功臣抗日英雄——抗戰時期戰鬥在兵工戰線上的李承幹〉，《紅岩春秋》，2005 年 5 期，頁 30～31。
〔註 10〕　〈滬兵工廠之紀念週〉，《中央日報》，1928 年 10 月 2 日，版 7。
〔註 11〕　〈兵工廠近聞職員之黨員研究會〉，《中央日報》，1929 年 4 月 21 日，版 8。

林大中、劉楚材等，不一而足。〔註12〕又如酈埜厚原爲吳欽烈之學生，民國23 年（1934）吳任技術司司長，籌設化學新廠與應用化學研究所時，酈埜厚便應邀擔任該所主任研究員，便爲一例。〔註13〕

　　當時出現留德學生大量進入兵工體系的現象。一次大戰後，我國留德學生眾多，在柏林附近估計就有 2000 人左右，而一半以上是同濟大學校友。〔註14〕民國 17 年（1928）3 月至 11 月，陳儀率團至歐洲考察。〔註15〕在德國期間除了考察參觀重工業以及聯繫德國軍方外，也見到俞大維，並透過俞的關係接觸許多留德學生；這批學生當中有部分後來被陳儀所延攬。〔註16〕加上國府與德國的軍事交流日與俱增，以及俞大維於民國 22 年（1933）任兵工署長後，有計畫任用留德學生的影響，導致同濟大學校友與留德學生在兵工署所佔份量頗重。這些人彼此間原有的同學、校友等關係，對於其匯集至兵工體系也有相關性。以民國 23 年（1934）4 月我國派往德國驗收 150 公厘 24 門重砲的 11 位成員爲例，全團有 2 位留學德國者，5 位同濟大學畢業者，德國色彩十分濃厚。

表 14：1934 年我國派往德國驗收 150 公厘重砲代表團成員一覽表

姓名	原職	學歷	工作分配
江杓	技術司設計處處長	德國柏林工業大學機械系	掌握全團工作
陸君和	技術司砲兵科技正	德國柏林工業大學機械系	火砲驗收
熊夢華	金陵兵工廠藥廠廠長	日本帝國大學造兵科	砲彈火藥驗收
王銓	金陵兵工廠藥廠技術員	兵工專門學校火藥科	砲彈火藥驗收
沈莘耕	技術司砲兵科技士	同濟大學機械系	砲架驗收

〔註12〕譚伯羽、李待琛、林大中、劉楚材爲張羣羅致兵工委員會者，俞大維接任署長則受到陳儀推薦；楊繼曾和俞大維在德國就認識，俞任兵工署長後，堅邀楊繼曾出任行政司司長。〈劉楚材先生事略〉，《國史館現藏民國人物傳記史料彙編》，輯 17（臺北：國史館，1998 年），頁 504；〈歷任署長〉，聯勤總部生產署四週年紀念刊編委會編，《聯勤總部生產署四週年紀念刊》，頁 10、16。

〔註13〕酈民興，〈酈埜厚先生行誼〉，《國史館現藏民國人物傳記史料彙編》，輯 2（臺北：國史館，1989 年），頁 580～581。

〔註14〕王奐若，〈再談同濟大學〉，《傳記文學》，卷 46 期 3（1985 年 3 月），頁 79。

〔註15〕辛達謨，〈德國外交檔案中的中德關係——民國十七年（一九二八）至廿七年（一九三八）〉，《傳記文學》，41 卷 4 期（1982 年 9 月），頁 117～119。

〔註16〕李元平，《俞大維傳》，頁 29、30。

姓名	原　職	學　歷	工作分配
張家驥	技術司砲兵科技佐	同濟大學技工學校	引信驗收
王國章	技術司設計處技佐	同濟大學機械系	砲管驗收
李式白	鞏縣兵丁廠砲彈廠主任	同濟大學機械系	砲彈驗收
周佐廷	鞏縣兵工廠引信廠主任	同濟大學機械系	引信驗收
段士珍	技術司設計處技佐	兵工專門學校造兵科	砲管驗收
施正楷	技術司設計處技佐	兵工專門學校造兵科	砲架驗收

資料來源：王國章，〈國民黨砲兵兵器工業的幾件往事〉，全國政協文史資料委員會編，
　　　　《文史資料存稿選編——軍事機構》，下冊（北京：中國文史出版社，2002
　　　　年），頁 164～165。

　　其他的人才管道，還有兵工專門學校學生，由於畢業後有分發實習服務
的義務，成為固定的兵工技術人員來源，惟其多自基層發展，且數量不多。
由軍方釋出的人員也是兵工技術人員的來源之一，如民國 19 年（1930）12 月
24 日兵站總部結束後，其職員派任各兵工廠任事。〔註17〕此外兵工署並於民
國 22 年（1933）5 月頒布〈退職技術軍官臨時復用辦法〉，以因應軍事緊急時
期的技術人才需求。〔註18〕並有因公費留學而受安排到兵工體系者，如吳欽
烈。〔註19〕

第二節　人事與管理

一、歷任署長

　　自民國 17～26 年（1928～1937）間，先後擔任過兵工署長者有張羣、陳
儀、洪中和俞大維。以下將從學經歷、黨政軍關係、扮演角色等方面，探討 4
人對兵工署的影響。

〔註17〕　〈兵站總部結束後職員派任各兵工廠任事〉，《中央日報》，1930 年 12 月 24
　　　　日，版 8。
〔註18〕　重檔，資料法規 80，〈兵工署轉頒退職技術軍官臨時復用辦法〉，1933 年 5 月
　　　　15 日，中國近代兵器工業檔案史料編委會編，《中國近代兵器工業檔案史料》，
　　　　冊 3，頁 813。
〔註19〕　〈歷任署長〉，聯勤總部生產署四週年紀念刊編委會編，《聯勤總部生產署四
　　　　週年紀念刊》，頁 16。

（一）學經歷

此處所討論的學經歷，主要在於學歷與任職經歷兩方面。茲整理如下：

表 15：兵工署歷任署長簡歷表（1928～1937 年）

姓名	任期	學歷	黨籍	派系	主要經歷	推薦者	備註
張羣	1928.12 ～ 1929.4	日本士官學校砲科	國民黨	新政學系	1917.11 大元帥府參軍、1923.4 陸軍中將、1924.11 交通部航政司司長、交通部司長、1925.1 河南全省警務處處長、1926 國民革命軍總司令部總參議、1928.2 軍事委員會委員、1928.4～1929.8 上海兵工廠廠長、1928.10～1929.4 行政院軍政部政務次長、1928.12～1929.10 兵工委員會主任委員、1929.3～1929.6 同濟大學校長、1929.3～1929.9 第一編遣區辦事處委員、1929.3 上海特別市市長、1929.3 海軍編遣辦事處委員	一	A：期 2551；B：期 33、52、8、12、57、109、115、127、128、135、141、190、224、252、269、295、501、582、915、970；D：頁 10；F：頁 448。
陳儀	1929.4 ～ 1932.4	日本陸軍士官學校砲科、日本陸軍大學	國民黨	新政學系	1922.10 陸軍中將、1925 浙軍第一軍司令、浙江省省長、1929.7 軍事委員會委員、1928 赴歐美考	張羣	A：期 2385；B：期 8、61、75、115、141、157、269、273、673、908、4、

姓名	任期	學歷	黨籍	派系	主要經歷	推薦者	備註
					察政治實業專員、1929.1導淮委員會委員常務委員、1929.1～1931.10黃河水利委員會委員、1929.3～1929.9第三編遣區辦事處委員、1929.5～1931.1軍政部常仕次長兼代軍政部部長、1929.9陸海空軍撫卹委員會副委員長、1931.1～1934.1軍政部政務次長、1931.4～1932.4休假		1345；C：典藏號12900009831 4A；G：頁159；H：頁127～133。
洪中	1932.4 ～ 1933.1	湖北自強學堂、至德國學習化學	無	無	民初任漢陽兵工廠化驗科科長、1914.5～1915.12鞏縣兵工廠建築股股長、1916.1～1916.12漢陽鋼藥廠會辦、1917.1～1921.2漢陽兵工分廠廠長、1921.3～1925.12山西軍人實習廠總工程師及第二科科長、赴歐美考察實習兵工事業、1927.8授陸軍少將、1925～1931.9東三省兵工廠	陳儀	A：期450、4054；B：期956、4、1039；C：典藏號129000036118A；D：頁12。

姓名	任期	學歷	黨籍	派系	主要經歷	推薦者	備註
					火藥／化學廠長及科學研究會會長、1931.12～1932.4 兵工署副署長		
俞大維	1933.1 ～ 1945	美國哈佛大學哲學博士、德國柏林大學數學及彈道學	無	無	1929 駐德使館商務調查部主任、1931.5 出席第十五次國際勞工大會政府方面顧問	陳儀	B：期 775；F：頁 261；I：頁 62～63；J：頁 140。

資料來源：A、《政府公報》

　　　　　B、《國府公報》

　　　　　C、國史館藏，侍從室檔案

　　　　　D、聯勤總部生產署四週年紀念刊編委會編，《聯勤總部生產署四週年紀念刊》

　　　　　E、中國近代兵器工業檔案史料編委會編，《中國近代兵器工業檔案史料》，冊 3

　　　　　F、中國近代兵器工業編審委員會編，《中國近代兵器工業——清末至民國的兵器工業》

　　　　　G、陳修和，〈有關上海兵工廠的回憶〉，中國兵工學會兵工史編輯部編，《兵工史料》，輯 2

　　　　　H、張朋園、沈懷玉，《國民政府職官年表（1925～1949)》，（臺北：中央研究院近代史研究所，1987 年）

　　　　　I、〈俞大維先生傳略〉，國防部史政編譯局編，《俞資政維公九秩晉五華誕紀念文集》

　　　　　J、傳記文學社民國人物小傳編輯委員會編，〈民國人物小傳（二二一）——俞大維〉，《傳記文學》，卷 36 期 2（1980 年 2 月）

　　根據表 15，就學歷來看，張羣、陳儀都是留日軍校砲科畢業；洪中以清末德國工程師翻譯身分起家，其化學專長主要習自德國技師與國外考察經

驗。〔註 20〕俞大維留學美、德多年，原先所學並非機械、化學或兵工相關科系，但曾在國府與德國顧問團安排下接受德式參謀教育洗禮，除了累積許多兵工專業知識，更具備先進軍事與參謀知能，爲國府精心培養的兵工專業人才。〔註 21〕再以經歷論，張羣、陳儀軍公職經驗豐富，但對兵工生產則較缺乏實務歷練；洪中長期參與國內的軍火生產與兵工廠建設，經驗豐富；俞大維曾擔任對德軍事採購工作多時，並由德國軍方安排傳授軍火與參謀課程。〔註 22〕而俞大維與德國方面的密切關係，對於兵工署業務的開展，有相當重要的作用。

（二）黨政軍關係

就黨政背景來看，張羣爲資深國民黨員，北伐起並持續在國民革命軍與國府擔任重要工作，頗受蔣介石信任。陳儀原屬孫傳芳勢力，民國 15 年（1936）投向國民革命軍，後成爲張羣主導新政學系中的重要人物。〔註 23〕北伐結束初期國府的做法，是以國民黨內與中樞關係密切的菁英份子出任各要職，以確實掌控該職務，兵工署長亦然。

洪中在軍火製造界的資歷頗深，而俞大維自北伐結束後，因久居德國，精通德語，且與德國參謀本部人員熟悉，被任命爲駐德使館商務調查部主任職務，職司聯絡採購事宜，自此始擔任公職。〔註 24〕自此觀之，兩人出任署長的考量，專業成分較大。自張羣推薦陳儀接任署長開始，洪中、俞大維也都受到陳儀推薦而出任。〔註 25〕4 人間存在互相薦舉的密切關係，也因此使洪中、俞大維這兩位於黨政軍皆相對較缺少淵源的專業取向人士，能順利被蔣介石與軍政部高層所接受。

〔註 20〕　〈歷任廠長〉，聯勤總部生產署四週年紀念刊編委會編，《聯勤總部生產署四週年紀念刊》，頁 12。

〔註 21〕　李元平，《俞大維傳》，頁 31～33。

〔註 22〕　〈俞大維先生傳略〉，國防部史政編譯局編，《俞資政維公九秩晉五華誕紀念文集》（臺北：國防部史政編譯局，1990 年），頁 62～63。

〔註 23〕　陳修和，〈有關上海兵工廠的回憶〉，中國兵工學會兵工史編輯部編，《兵工史料》，輯 2，頁 159。

〔註 24〕　〈俞大維先生傳略〉，國防部史政編譯局編，《俞資政維公九秩晉五華誕紀念文集》，頁 62～63。

〔註 25〕　陳修和，〈有關上海兵工廠的回憶〉，中國兵工學會兵工史編輯部編，《兵工史料》，輯 2，頁 167。

（三）領導風格

1、張羣之領導與決策

張羣擔任署長的時間不滿半年，但他先在民國 17 年（1928）4 月擔任上海兵工廠廠長，再於同年 11 月出任兵工署長，此時上海兵工廠相當於國府所轄兵工廠的總廠，張羣的重要性可見一斑；而在軍政部下設置兵工署，也出自其建議。〔註 26〕由此觀之，張羣、上海兵工廠與兵工署之間的牽連頗多。故論及張羣在署長任內扮演的角色時，須回溯至其上海兵工廠長時期的作為以綜觀之。張羣有二項決定影響兵工署發展甚大，茲探討如下：

（1）重視專業人才

張羣實行人才主義，最早可追溯自上海兵工廠廠長任內。當時張羣主張由專業技術人才出任廠內管理幹部，委任前同濟大學校長阮尚介當工務處長，重用留德人士擔任砲廠和槍廠主任，擴大引進同濟大學師生，並於民國 18 年（1929）3 月代理同濟大學校長。〔註 27〕同濟大學的前身是同濟醫工專門學校，由德國醫師埃里希・寶隆（Dr. Erich Paulun）於清末在上海成立，民國 8～9 年間（1919～1920）正式成立大學，以醫學院、工學院聞名，具有濃厚的德國色彩。〔註 28〕在張羣鼓勵下，同濟大學校友與留德人士擔任軍火生產技術人員的情形得以擴大，對於日後兵工署的人事組成產生重大影響。

（2）成立兵工技術委員會

早在民國 17 年（1928）3 月，上海兵工廠已成立技術委員會，分科進行改進兵器技術的研究。張羣任廠長後，持續推進，8 月將研究成果匯編為《兵器研究室報告書》第一號，張羣親寫〈緒言〉，以示倡導。〔註 29〕同年底兵工署成立兵工委員會，張羣對之十分重視，親任主任委員，羅致國內專家，革新技術，促進製造。〔註 30〕此舉對於提升兵工署的專業取向，有很大的影響。

〔註 26〕 〈歷任署長〉，聯勤總部生產署四週年紀念刊編委會編，《聯勤總部生產署四週年紀念刊》，頁 10。

〔註 27〕 王奐若，〈再談同濟大學〉，《傳記文學》，卷 46 期 3（1985 年 3 月），頁 76。

〔註 28〕 關德懋，〈關於國立同濟大學創校經過〉，《傳記文學》，卷 41 期 4（1982 年 9 月），頁 115。

〔註 29〕 〈張羣〉，中國近代兵器工業編審委員會編，《中國近代兵器工業檔案史料——民國的兵器工業》，頁 260。

〔註 30〕 〈歷任署長〉，聯勤總部生產署四週年紀念刊編委會編，《聯勤總部生產署四週年紀念刊》，頁 10。

根據以上分析，兵工署組織與人事的原型，可說是由張羣建立起來的。張羣對於兵工署的成立，扮演著催生者與形塑者的角色。

2、陳儀之領導與決策

陳儀擔任兵工署長的任期自民國18年（1929）4月13日到民國21年（1932）4月2日，前後長達3年，具有承先啓後的地位，但因其在戰後擔任臺灣省行政長官期間發生二二八事件，又在民國38年（1949）因密謀投共遭到處死，成爲爭議性人物，以至臺灣方面對他在兵工署長任內的作爲，鮮少紀錄與探討。〔註31〕陳儀與軍火生產的關係，源自民國17年（1928）夏，國府派陳儀赴歐考察兵工。〔註32〕該次考察的背景，在引進德國的軍火技術與產品。民國18年（1929）回國後，身兼軍政部次長與兵工署長，加上屬於張羣新政學系，頗獲富局賞識。陳儀對於兵工署提出具體規畫和做法，主要可分爲以下幾點：

（1）兵工署直轄各廠，進行整頓

陳儀認爲，應斟酌各廠出品及地位等情形，分工合作，屬行檢驗，如此經濟便利，並易收效。〔註33〕由此考量，兵工署對兵工廠若無實質管轄關係，將無從進行有效的生產管理規劃。因此陳儀不再沿用北伐時期大廠兼管小廠的做法，例如金陵兵工廠、上海煉鋼廠均於民國18年（1929）直屬兵工署。至於其他各廠，也盡可能納入直轄。到民國20年（1931）7月，兵工署直轄兵工廠已增爲8座。

陳儀整頓各廠的動機，主要是考量國家整體財政困難。如民國18年（1929）4月22日就職時提到，中央對各廠不能通盤擘畫，各自爲謀，太不經濟；〔註34〕6月19日在兵工會議閉會詞指出，以後之兵工計畫按表決各案進行，國家經濟亦可省儉甚多。〔註35〕可見國府對於兵工生產的考量中，經濟實爲主要

〔註31〕 以聯勤總部生產署四週年紀念刊編委會編，《聯勤總部生產署四週年紀念刊》爲例，對陳儀便隻字未提。

〔註32〕 辛達謨，〈德國外交檔案中的中德關係——民國十七年（一九二八）至廿七年（一九三八）〉，《傳記文學》，卷41期4（1982年9月），頁117～118。

〔註33〕 〈全國兵工之改革計畫〉，《盛京時報》，1929年4月29日，版1。

〔註34〕 〈陳儀談改革全國兵工計畫，治標先分爲五項治本須開發礦產〉，《中央日報》，1929年4月22日，版3；〈全國兵工之改革計畫〉，《盛京時報》，1929年4月29日，版1。

〔註35〕 〈兵工會議前日已閉幕〉，《中央日報》，1929年6月21日，版1。

因素。至於整理方針，陳儀主張在兵工廠內小規模改革，使出品價格下降。〔註36〕這些策略著眼於生產的經濟性，降低成本自此成為兵工署持續努力的目標。

（2）推動武器制式化

陳儀自民國 18～19 年（1929～1930），徵求各方意見，編印〈制式兵器意見書〉、〈制式兵器商榷書〉和〈制式兵器芻議〉等資料，擬先將全國兵器製造予以統一。〔註37〕雖然在其任內無具體成果，但對於後來推動的武器制式化，有一定的幫助。

（3）充實組織

陳儀任內通過多項法令規章，使兵工體系制度更趨完善。民國 18 年（1929）9 月制定〈兵工署兵工材料購辦委員會規則〉，明定其任務為職轄各廠局購辦各項兵器器材及兵工原料；民國 20 年（1931）7 月〈修正兵工廠組織條例〉頒佈施行。〔註38〕管理方面，陳儀對於訂定合宜管理辦法及工人待遇，相當重視。〔註39〕並於民國 21 年（1932）1 月公布〈兵工署直轄各廠工人待遇暫行簡章〉。〔註40〕充實組織方面，陳儀擴充兵工技術委員會的成員名額，使兵工署的核心成員大幅增加，能因應業務與直轄廠數增加的需求。

綜合以上各點，可以得知陳儀擔任兵工署長所扮演角色，為調整兵工體系架構，並因應北伐以後的局勢訂定發展方向，奠定持續擴充改組的基礎。

3、洪中之領導與決策

第三任署長洪中於民國 21 年（1932）4 月就任。〔註41〕由於時間點在一二八事變之後，對日備戰成為國府重要政策，兵工署也對此有所因應。洪中任內有二項重要措施：

（1）發展化學工業

民國 18 年（1929）4 月陳儀就職之初，曾擬設立化學研究室以謀國防獨

〔註36〕 〈全國兵工之改革計畫〉，《盛京時報》，1929 年 4 月 29 日，版 1。
〔註37〕 〈陳儀〉，中國近代兵器工業編審委員會編，《中國近代兵器工業——清末至民國的兵器工業》，頁 260。
〔註38〕 〈陳儀〉，中國近代兵器工業編審委員會編，《中國近代兵器工業——清末至民國的兵器工業》，頁 260。
〔註39〕 〈全國兵工之改革計畫〉，《盛京時報》，1929 年 4 月 29 日，版 1。
〔註40〕 〈陳儀〉，中國近代兵器工業編審委員會編，《中國近代兵器工業——清末至民國的兵器工業》，頁 261。
〔註41〕 〈歷任署長〉，聯勤總部生產署四週年紀念刊編委會編，《聯勤總部生產署四週年紀念刊》，頁 12。

立。〔註42〕但終其任內進展有限。洪中本身為化學專長出身，對此相當重視，於民國 21 年（1932）5 月派吳欽烈赴歐美考察國防化學工業，計畫購買軍用化學設備，招聘技術人員，籌建新的國防化學工廠。〔註 43〕除較陳儀時期推進頗多，並為俞大維任內擴大發展化學軍備奠定基礎。

（2）配合建軍備戰，推動軍火量產計畫

民國 21 年（1932）7 月，兵工署會同陸軍署制定新兵工廠計畫書，計畫建立一批新工廠，使新廠和整理後舊廠的整體產能，每年可裝備 5 個師，並預計至第 5 年起，兵器生產可以完全獨立，地點上擬先於湖南株州建立兵工廠，後建北方的兵工廠；8 月主持制定國防兵工五年建設計畫預算書，預計在 5 年內，新舊兵工廠的設置費、製造費以及購置新兵器費，共計 3.7 億多元。〔註 44〕兵工生產必須以長期計畫持續推動的觀點，自此成為國府和兵工署的政策方針。由此觀之，洪中對兵工生產有長期規劃的觀念，而非停留在僅針對短期需求作應急增產的程度。

洪中以長遠規畫，企圖扭轉先前軍火生產為配合國家經濟狀態而陷於停滯的狀態，使兵工署在備戰的前提下，成為國防上重要的一環。但由於國府財政未見好轉，以及高層的疑慮，洪中的措施未被接受。〔註45〕

4、俞大維之領導與決策

第 4 任署長俞大維任期最長，主要推動以下工作：

（1）調整兵工署組織與兵工廠

民國 22 年（1933）10 月，實行〈兵工署新組織條例〉，將署內原設的設計、監查、檢驗 3 個業務科，改組為行政、技術、資源等 3 個司。〔註 46〕民

〔註42〕〈全國兵工之改革計畫〉，《盛京時報》，1929 年 4 月 29 日，版 1。
〔註43〕〈洪中〉，中國近代兵器工業編審委員會編，《中國近代兵器工業——清末至民國的兵器工業》，頁 261。
〔註44〕重檔，兵工署 1 目 38～42 卷，〈兵工署報送國防兵工五年建設計劃預算書給軍政部呈文稿〉，1932 年 8 月 6 日，中國近代兵器工業檔案史料編委會編，《中國近代兵器工業檔案史料》，冊 3，頁 91～93。
〔註45〕由於國府高層對國產軍火品質不佳和花費頗鉅存有疑慮，曾希望以進口為主要補充來源。陳修和，〈有關上海兵工廠的回憶〉，中國兵工學會兵工史編輯部編，《兵工史料》，輯 2，頁 167。
〔註46〕〈據軍政部呈擬兵工署新組織草案暨兵工官佐待遇表並規定試行期間一案轉呈備案由〉，〈國防部組織法令案（二）〉，《國府檔案》，國史館藏，典藏號：00201－0171－0315，入藏登錄號：001000001168A，1933 年 9 月 29 日～10 月 9 日，0010120713150999a－001012071315107a。

國 23 年（1934）再因應政府組織調整，變更為製造、技術、軍械三司。〔註47〕經由改組，使兵器研究、監查、製造、補給保養漸趨一體化。〔註48〕

民國 22 年（1933）底起整頓各廠，建全管理，委派技術專長人士主持廠務。〔註49〕並籌建新的軍火工廠與相關單位，計有鞏縣兵工分廠、株州兵工廠、彈道研究所、應用化學研究所、百水橋精密研究所、冶金研究所、光學研究所、南昌火工作業所、中央修械所等。〔註50〕除了鞏縣兵工分廠外，其餘單位由於起步較晚，到抗戰前多仍處於草創或籌備階段，但仍為日後的發展奠定了基礎。

（2）持續推動武器制式化

俞大維於民國 24 年（1935）成功取得德國毛瑟 1924 式步槍與 M1908 馬克沁重機關槍的生產圖紙，並定為制式，國產步兵武器首次具備良好的精度和品質。〔註51〕迫擊砲則採金陵兵工廠仿自法國布郎德 81 公厘迫擊砲而成的 82 公厘迫擊砲為制式。〔註52〕武器系統紊亂的問題，至此有了初步解決。

（3）改進生產管理

俞大維在兵工生產管理的改進措施，主要有採購黑皮書、兵工成本會計制度和成品檢驗制度三項。採購黑皮書，是學自德國毛瑟兵工廠以計算成本作招標簽約依據辦法，訂定各兵工廠對外招標簽合同的「黑皮書」（Black Book），其第 13 條規定，任何採購案，承包商不得對政府、承辦單位、外籍顧問等贈送財物，如違背並經查明屬實，合約立即作廢；標價若低於貨品成

〔註47〕 〈行政院 1145 號呈指令呈悉〉，〈國防部組織法令案（二）〉，《國府檔案》，國史館藏，典藏號：00201－0171－0315，入藏登錄號：001000001168A，1934年 7 月 6 日，001012071315180a－001012071315183a。

〔註48〕 〈俞大維〉，中國近代兵器工業編審委員會編，《中國近代兵器工業──清末至民國的兵器工業》，頁 261。

〔註49〕 〈俞大維〉，中國近代兵器工業編審委員會編，《中國近代兵器工業──清末至民國的兵器工業》，頁 261。

〔註50〕 李元平，《俞大維傳》，頁 51；〈中華民國開國後之兵工生產沿革〉，聯勤總部生產署四週年紀念刊編委會編，《聯勤總部生產署四週年紀念刊》，頁 289；二檔一（1）6022 卷，〈行政院轉報南昌火工作業所籌備處暫行組織規則及編制給國民政府呈文〉，1936 年 1 月 27 日，中國近代兵器工業檔案史料編委會編，《中國近代兵器工業檔案史料》，冊 3，頁 404～407。

〔註51〕 劉馥著，梅寅生譯，《中國現代軍事史》，頁 110。

〔註52〕 李元平，《俞大維傳》，頁 48﹒49﹒

本，即予廢標。〔註53〕藉此既保證品質規格，也規範交貨時間數量，避免回扣與偷工減料的問題。

　　俞大維重視成本管控，民國22年（1933）8月提出〈兵工會計試行規則草案〉，以金陵兵工廠先行試辦。〔註54〕以此作為成本管理之重要手段，後逐漸推廣，為日後削減單價、擴大產量打下基礎。為使各廠產品檢驗制度化，民國25年（1936）6月制定〈驗收各兵工廠產品暫行方法大綱〉，出技術司派員駐廠驗收，未經驗訖者，一概不得出廠庫。〔註55〕這三項措施可以杜絕浪費，減少成本，並提升產品品質，為後續增產打下基礎。

（4）擴大生產配合建軍

　　俞大維延續以擴大產能配合建軍的構想，自民國24年起配合國府整編全國軍隊計畫，供應所需武器械彈，方式以現有調整及國內自造為主，產量不足或無法自造者則外購。〔註56〕以火砲為例，便採取購買火砲、自造彈藥的策略，爭取時間並節省外匯。〔註57〕至民國25年止，兵工署各廠主要械彈產量呈逐年上升態勢。如下表所示，各項武器產量大幅提升，成為國府整軍備戰之後盾。

表16：兵工署各廠主要械彈出品統計表（1932～1936年份）

品名	單位	1932年份	1933年份	1934年份	1935年份	1936年份	總　計
步槍	枝	45,830	64,418	60,174	56,572	98,948	325,942
機關槍	挺	663	686	598	544	1,006	3,497

〔註53〕 李元平，《俞大維傳》，頁37～38。
〔註54〕 〈兵工會計試行規則案〉，《國府檔案》，國史館藏，典藏號：001－012060－0048，入藏登錄號：001000000789A，1933年8月，001012060048005a－001012060048010a。
〔註55〕 重檔，兵工署1目996卷，〈技術司擬具成品驗收暫行辦法大綱給俞大維簽呈稿〉，1936年6月，中國近代兵器工業檔案史料編委會編，《中國近代兵器工業檔案史料》，冊3，頁573～574。
〔註56〕 〈軍政部呈蔣中正民國二十四年度下半年及民國二十五年度全國軍隊武器裝備彈藥補充儲備計畫及經費預算草案〉，〈陸軍後勤（一）〉，《蔣檔》，國史館藏，典藏號：002－080102－00076－001，入藏登錄號：002000001007A，1935年，0020801020076001001a－0020801020076001045x。
〔註57〕 李元平，《俞大維傳》，頁49。

品名	單位	1932 年份	1933 年份	1934 年份	1935 年份	1936 年份	總　計
八二迫擊砲	門	50	30	200	131	565	976
七九槍彈	粒	38,700,000	67,072,215	71,959,700	96,771,700	127,764,000	402,267,20
七五砲彈	顆	40,400	86,00	72,861	44,475	91,126	335,162
八二迫砲彈	顆	66,050	158,900	154,500	146,297	247,840	773,582
手榴彈	個	586,290	804,940	1,054,000	1,019,303	1,976,900	5,451,533
飛機炸彈	顆	2,820	6,550	32,860	50,200	33,050	105,480
信號彈	顆			38,200	163,855	130,000	332,055
防毒面具	副			10,000	2,400	44,634	57,034

資料來源：二檔七七四 835 卷，〈兵工署各廠二十一年至二十五年主要械彈出品統計表〉，1937 年 4 月，中國近代兵器工業檔案史料編委會編，《中國近代兵器工業檔案史料》，冊 3，頁 425。

　　整體而言，俞大維扮演的角色，為改良兵工署組織，擴充周邊相關機構，使其兵工體系職能更趨完整；加強管理，降低成本，增進生產效率；並針對整軍備戰需求，在軍火生產上作適當整合，使國軍能在抗戰爆發時，擁有足以抵抗的武力。

二、兵工廠長研究

（一）廠長之選任

　　根據民國 18 年（1929）10 月 31 日頒布〈兵工廠組織法〉，兵工廠設廠長一人，綜理全廠事務。〔註 58〕可知國府將兵工廠長視為該廠的負責人。北伐結束後，隨著國府陸續接收各兵工廠，也陸續任用多名廠長。茲將民國 17～26 年（1928～1937）間擔任兵工廠長者，列表整理如下：

〔註 58〕貴州省檔案館全宗號 02 卷號 255，〈行政院頒布兵工廠組織法訓令〉，1929 年 10 月 31 日，中國近代兵器工業檔案史料編委會編，《中國近代兵器工業檔案史料》，冊 3，頁 231～233。

表 17：兵工署直轄兵工廠廠長名錄（1928～1937）

姓名	廠別	任期	主要學經歷	備　註
張羣	上海兵工廠	1928.4 ～ 1929.8	同盟會成員、日本士官學校砲兵科、1923.4 陸軍中將、1928.2 軍事委員會委員、1928.4～1929.8 上海兵工廠廠長、1928.10～1929.4 行政院軍政部政務次長、1928.11～1929.4 軍政部兵工署署長、1928.12 兵工主任委員	A：頁 448；B：期 2551；C：期 33、52、8、12、57、109、115、127、128、135、141、190、224、252、269、295、501、582、915、970；E：頁 10
郭承恩	上海兵工廠	1929.8 - 1931.10	1929.8～1931.10 上海兵工廠廠長、1932.4～1932.9 兵工署副署長	A：頁 448；C：期 252、897、6、20、21
宋式驫	上海兵工廠	1931.10 ～ 1932.7	留學德國、1929.10～1931.11 兵工主任委員、1929.12～1931.10 兵工署副署長	A：頁 448；C：期 267、295、341、897、921
黃公柱	金陵兵工廠	1929.6 ～ 1931.12	日本陸軍士官學校砲兵科、1928.6～1928.11 軍事委員會軍政廳軍械處處長、1928.11～1931.12 上海兵工廠金陵分廠廠長	A：頁 448；C：期 65、9、950；D：129000046322A
	漢陽兵工廠	1931.12 ～ 1932.8		
李承幹	金陵兵工廠	1932.1 ～ 1938.4	日本東京帝國大學電器工學科、1919.9～1921.4 漢陽兵工廠電機課長、1927.5～1931.7 金陵兵工廠工務處長	A：頁 448；C：期 2；D：12900001807A
趙翊邦	濟南兵工廠	1928.4 ～ 1931.12	1928.5 國民革命軍總司令部參謀處第二科科長	A：頁 449；C：期 59
黃裳	濟南兵工廠	1931.12 ～ 1932.6	1914.2 陸軍步兵上尉、1924.9 海陸軍大元帥大本營禁煙督辦署第一科科長	A：頁 449；B：期 636；C：期 950、12；G：期 26
胡天一	濟南兵工廠	1932.6 ～ 1933.6	法國里洛工業大學機械科畢業、比國京都工業大學鋼鐵建築科畢業、1929.4～1930.7 兵	A：頁 449；C：期 143、479、521、614、12；F：頁 54

姓名	廠別	任期	主要學經歷	備　註
			工署技術員、1930.5～1930.11兵工署監查科科長	
劉守愚	濟南兵工廠	1934.5～1936.12	東京帝國大學造兵科、1923.9入鞏縣兵工廠，後任砲彈廠主任、1928 冬鞏縣兵工廠工務處長、1929 兵工委員會兼任委員、1930 資源司工業科科長、購料委員會主任委員、處理德州兵工廠結束善後事宜、1931.2～1932.5 兵工專任委員	A：頁 268～269，450；C：期 693、7；E：頁 28
宋邦榮	濟南兵工廠	1936.12～1937.11	保定軍校畢業、1931.4 江蘇綏靖督辦公署軍事參議及副官長、1936.2 陸軍少將	A：頁 450；C：期 745、765、1966；D：129000000140A
鍾道錕	廣東第一兵工廠	1936.11～1938.2	美國惠脫華斯工業專科學校畢業、金陵製造局工程師、槍廠主任、工務處長	A：頁 269，452
鄧演存	漢陽兵工廠	1926.9～1929.12	保定軍校畢業、1924.9 陸軍砲兵上校、1925.5 廣東兵工廠管理委員會委員	A：頁 259～260，453，458；B：期 3047；D：129000050898A；G：號 13
胡毓章	漢陽兵工廠	1930.1～1931.11	不詳	A：頁 453
鍾毓靈	漢陽兵工廠	1932.8～1933.2	1913.11 陸軍步兵少尉、1928.12～1932.4 兵工專任委員、1930.11～1932.4 監察科長、1932.8～1933.2 兼漢陽兵工廠長	A：頁 446，453；B：期 559；C：期 57、5、1215、1281；F：頁 52
鄭家俊	漢陽兵工廠	1933.2～1938.7	同濟大學機械科畢業、德國柏林大學機械科畢業暨特証工程師、上海兵工廠工務處長、1929.10 漢陽兵工廠工務處長、1931.10 漢陽兵工廠副廠長、1932.4～1933.3 兵工專任委員、1932.4 監察科長、1935.7 兼漢陽火藥廠廠長	A：頁 265～266，453；C：期 5、1085；D：129000016875A
	漢陽火藥廠	1935.7～1938.7		

姓名	廠別	任期	主要學經歷	備　註
譚季陶	漢陽火藥廠	1932.9～1935.6	美國民尼大學化學工程學士、愛沃華大學化學工程碩士、1927 漢陽兵工分廠廠長	A：頁 454；C：期 324；G：頁 268
呂民貴	鞏縣兵工廠	1929.7～1930 春	1924.9 陸軍步兵中校、1925.8～1925.12 陸軍部軍學司三等科員、1929.2～1929.6 國軍編遣委員會總務部文書科上校科長	A：頁 455；B：期 3044、3361、3505；C：期 105、160、202、211、950
黃璧	鞏縣兵工廠	1930 秋～1931.6	日本東京帝國大學工業部造兵科、1926.3 陸軍步兵上校、1928.12 兵工專任委員、1930 秋任鞏縣兵工廠廠長、1931.6 身故	A：頁 455；F：頁 52，55；H：〈孝義兵工廠長自殺〉，《中央日報》，1931 年 6 月 25 日，版 4
吳克潤	鞏縣兵工廠	1931.12～1933.12	1927.2 陸軍砲兵上校	A：頁 455；B：期 3896；C：期 950、1313
毛毅可	鞏縣兵工廠	1933.12～1937.7	德國柏林工業大學畢業、1928.12～1930.4 兵工署監察科科長、1928.12～1930.12 兵工專任委員	A：頁 452；C：期 57、437、654、1313、2399；F：頁 52，55
胡庶華	上海煉鋼廠	1929.6～1930.2	1928.3～1929.6 國府農鑛部農民司暨林政司長、1929.6～1932.9 同濟大學校長	A：頁 457；C：期 45、48、190、20
周志宏	上海煉鋼廠	1930.4～1937.9	美國卡尼奇工科大學碩士、哈佛大學冶金工程師暨科學博士、美國羅倫城國家鋼管公司冶金室研究員、兵工署技術司技正、百水橋研究所材料試驗處長、材料試驗處長	A：頁 457；C：期 324、437；D：12900 0016979A；F：頁 268
吳欽烈	鞏縣兵工分廠	1926.2～1938.4	芝加哥大學化學碩士、安得那炸藥公司、1928.12 兵工專任委員、1932 籌建理化研究所、1932.4 赴美訂購化學廠設備及羅致人才、1933.7 兼鞏縣化學廠籌備處長、1933.10 技術司長	A：頁 266，457；C：期 57；E：頁 22；F：頁 52

姓名	廠別	任期	主要學經歷	備　註
江杓	廣東第二兵器製造廠	1937.6 ～ 1938.4	德國漢諾威工業大學及柏林工業大學畢業暨國家特許工程師、1926.5～1927.2 奉天大冶廠機械秘書、1931.9～1932.4 漢陽兵工廠步槍廠主任、1932.5～1933.7 兵工署理化研究所員、1933.9 兵工委員、1934.7～1936.8 技術司設計處長、1935.5～1936.7 兵工署駐德國重兵器驗收團主任、1936.8～1937.5 技術司長兼百水橋研究所長、1936.11 接收廣東第二兵器製造廠委員會副主任委員	A：頁 266，458；C：期 1248；D：129000099323A；E：頁 30；H：〈江杓先生行述〉，國史館編，《國史館現藏民國人物傳記史料彙編》，輯 16（臺北：國史館，1998年），頁 28～29

註：濟南兵工局長王學智、趙竹賢及鞏縣兵工廠長陳萬青，因非國府任命，故不列出。

資料來源：A、中國近代兵器工業編審委員會編，《中國近代兵器工業——清末至民國的兵器工業》

　　　　B、《政府公報》

　　　　C、《國府公報》

　　　　D、國史館藏，侍從室資料。

　　　　E、聯勤總部生產署四週年紀念刊編委會編，《聯勤總部生產署四週年紀念刊》

　　　　F、中國近代兵器工業檔案史料編委會編，《中國近代兵器工業檔案史料》，冊 3

　　　　G、《大本營公報》

　　　　H、其他

　　北伐結束後的兵工廠長，有部分是軍政背景出身者，如張羣、鄧演存、黃公柱等。可見當時仍傾向以資歷和聲望兼具的軍政人士擔任兵工廠長，以確保對兵工廠的掌控。〔註 59〕陳儀任署長時，主張以專門科學人員擔任兵工廠長。〔註 60〕但任內仍有非兵工專業人士擔任廠長者，如鞏縣兵工廠長呂民

〔註 59〕國史館藏，侍從室資料，典藏號 129000046322A，〈黃公柱〉。

〔註 60〕〈全國兵工廠亟待整理〉，《中央日報》，1929 年 4 月 26 日，版 1。

貴、吳克潤為軍人出身。〔註 61〕陳儀如此宣示，實際情況卻有落差，主要原因可能在於當時合適人選仍不易獲得。洪中擔任署長期間較短，除漢陽兵工廠外，其他廠長維持不變；俞大維接任後，各廠廠長漸次調整，至抗戰前夕，兵工署所屬的兵工廠長，多數都是理工或化學科系的留外人士，且有豐富的從業經驗。至此達成廠長選任的普遍專業化。

兵工署成立之初，還未建立管理兵工廠的制度，兵工廠長在兵工體系內有相當大的權力。〔註62〕以民國 18 年（1929）6 月 15 日之兵工會議為例，署長陳儀報告，欲就上海、漢陽、金陵、新城 4 廠通力合作，請各廠長再討論。〔註 63〕當時兵工署直轄廠數不多，各廠份量舉重若輕，請廠長們共同討論，象徵廠長對於最後共識有相當大的參與決定權。爾後隨著廠數增加，單一廠長的相對重要性受到稀釋；民國 24 年（1935）兵工成本會計制度的試行，象徵兵工署欲對各廠進行數字上的精細管理；〔註64〕民國 25 年（1936）成品驗收制度的實施，則使兵工署與各廠間具備相當於買方與賣方的關係。〔註 65〕而廠長改以專業取向為任用標準後，軍政人員擔任廠長的情形減少，所派任者多為兵工專業人士。在這些調整下，兵工署直轄各廠的體制逐步落實，而廠長的角色定位也隨之變化。民國 25 年（1936）3 月 10 日，蔣介石指示兵工廠長對員工實施組織訓練，須以身作則，振作精神，恩威並濟，貫徹到底。〔註66〕則強調廠長對於下屬，應有帶頭示範與領導管理的責任。綜合來說，兵工廠長扮演的角色，已逐漸從早先的公家官員取向身分，轉向專業管理者作修正。

〔註61〕 中國人民政治協商會議鞏縣委員會文史資料研究委員會編，《鞏縣文史資料》，輯 2（鄭州：同編者，1988 年），頁 27～28。
〔註62〕 陳修和，〈有關上海兵工廠的回憶〉，中國兵工學會兵工史編輯部編，《兵工史料》，輯 2，頁 159。
〔註63〕 〈兵工會議昨日開幕〉，《中央日報》，1929 年 6 月 16 日，版 1。
〔註64〕 重檔，兵工署 1 目 233 卷，〈兵工署製造司、技術司、軍械司二十三年度工作報告摘要〉，1935 年 6～7 月，中國近代兵器工業檔案史料編委會編，《中國近代兵器工業檔案史料》，冊 3，頁 142。
〔註65〕 李元平，《俞大維傳》，頁 50。
〔註66〕 〈蔣中正電俞大維參考上海虹口康元罐頭廠精神實施組織訓練各兵工廠員役與工人〉，〈一般資料——手稿錄底（二十四）〉，《蔣檔》，國史館藏，典藏號：002－080200－00419－038，入藏登錄號：002000001808A，1936 年 3 月 10 日，002080200419038001a。

（二）廠長與工廠之發展

當時兵工廠長的職權發揮，可從經營廠務的各個方面呈現，茲敘述如下：

1、提高產量，降低單價

民國 22 年（1933）3 月 8 日，署長俞大維召集各廠長妥議減低單價、增加出品辦法，擬將槍彈、砲彈單顆成本調降，增加月產量，預計七九槍彈單價從 0.09 元減為 0.065 元，濟造手榴彈由每顆 0.95 元減為 0.65 元，各式砲彈減價 20%，並月增槍彈 650 萬發，山野砲彈 6,600 發，手榴彈 113,500 發，迫擊砲彈 26,500 發；按原單價算，原應月增 100 萬元，現按淨價僅需月增 60 萬元，槍彈可增為 2 倍。〔註 67〕部分兵工廠在擴大生產與降低單價之虞，呈請以結餘經費改進廠務。以金陵兵工廠為例，李承幹爭取自製法式八二迫擊砲彈，外購每發原價 12 元，金陵兵工廠生產成本開始時 8.5 元，至民國 24 年（1935）已降為 5.8 元；並使廠裡其他產品成本也隨之下降。〔註 68〕對於滿足國家軍火儲備與結餘經費養廠，均有助益。

2、改善廠務

改善廠務的內容，包括採用新制度，增添設備，加強管理，以及增進福利等方面。金陵兵工廠長李承幹整頓紀律作風，更換不稱職的負責人，招聘留外工程技術人員並培訓之，對日後生產改進關係重大；又從瑞士、美國引進精密機床和光學測試儀器，成立工具樣板廠，提高產品精度壽命。〔註 69〕並十分重視工廠福利，利用結餘經費興築職工家屬宿舍，修建職工醫院和職工子弟小學校舍，改造廠區道路，深受好評。〔註 70〕漢陽兵工廠在鄧演存擔

〔註 67〕 〈俞大維電蔣中正整頓兵工減低單價增加出品辦法於事實上有經費如不足如期足發工作必虞停頓等顧慮〉，〈一般資料──民國二十二年（二）〉，《蔣檔》，國史館藏，典藏號：002－080200－00072－126，入藏登錄號：002000001461A，1933 年 3 月，002080200072126001a－002080200072126004a。

〔註 68〕 重檔，兵工署 1 目 1156 卷，〈金陵兵工廠出品經費價格概況表〉，1935 年 3 月；中國近代兵器工業檔案史料編委會編，《中國近代兵器工業檔案史料》，冊 3，頁 775；鄭洪泉，〈國寶‧功臣抗日英雄──抗戰時期戰鬥在兵工戰線上的李承幹〉，《紅岩春秋》，頁 25。

〔註 69〕 俞濯之，〈抗日戰爭中金陵兵工廠的變遷〉，江蘇省政協文史資料委員會、江蘇省國防科學技術工作辦公室編，《江蘇近代兵工史略》（南京：江蘇文史資料編輯部，1989 年），頁 91～93。

〔註 70〕 重檔，兵工署 1 目 1110 卷，〈俞大維為金陵兵工廠以結餘經費改進廠務給蔣介石簽呈稿〉，1943 年 10 月 3 日，中國近代兵器工業檔案史料編委會編，《中國近代兵器工業檔案史料》，冊 3，頁 769～771；鄭洪泉，〈國寶‧功臣抗日英雄──抗戰時期戰鬥在兵工戰線上的李承幹〉，《紅岩春秋》，頁 25。

任廠長期間，蔣介石譽之誠實，而該廠成績亦佳。〔註71〕惟鄧去職後該廠因人謀不臧導致管理失當，廠務廢弛，鄭家俊於民國22年（1933）接任後，整飭廠規，改進工作制度，切實考察，改革會計制度，節省經費材料，落實生產檢驗，杜絕購料索取回扣行為。〔註72〕2年內子彈品質進步，節省經費為各廠之冠。〔註73〕

　　其他兵工廠方面，張羣擔任上海兵工廠長期間採用成本會計制度，節省公帑30萬元，用以擴充設備。〔註74〕鞏縣兵工廠自民國18年（1929）起曾四易廠長，極不安定，至民國22年（1933）毛毅可接掌後，添置機器，擴展廠房，規模亦日漸宏大。〔註75〕濟南兵工廠在劉守愚廠長任內，添購新式機器，使工廠設備大部分更新。〔註76〕新成立的鞏縣兵工分廠，管理學習國外經驗，採取廠長全責制，權力較為集中，職員責任明確，便於指揮生產，相當奏效。〔註77〕鍾道錩接管廣東第一兵工廠時，不與該廠積習妥協，貫徹國府立場，致能順利接收。〔註78〕

〔註71〕〈蔣中正電誠陳儀兵工署對漢陽廠人事管理與薪金諸事〉，〈籌筆——統一時期（二十七）〉，《蔣檔》，國史館藏，典藏號：002－010200－00027－006，入藏登錄號：002000000043A，1930年4月24日，00201020000027006001a。

〔註72〕〈漢陽兵工廠整理計畫摘要報告〉，〈兵工生產（一）〉，《國府檔案》，國史館藏，典藏號：001－073100－0001，入藏登錄號：001000005730A，1934年6月8日，0010731000001022a，0010731000001023a－0010731000001036a。

〔註73〕〈復陳漢廠步槍退修之原因係提高品質屬行嚴格檢驗過程技術嘗試之巔挫〉，〈兵工生產（一）〉，《國府檔案》，國史館藏，典藏號：001－073100－0001，入藏登錄號：001000005730A，1935年12月18日，0010731000001102a－0010731000001103a。

〔註74〕〈歷任署長〉，聯勤總部生產署四週年紀念刊編委會編，《聯勤總部生產署四週年紀念刊》，頁10。

〔註75〕曾健明，〈第一兵工廠——附鞏縣兵工廠〉，聯勤總部生產署四週年紀念刊編委會編，《聯勤總部生產署四週年紀念刊》，頁220～221。

〔註76〕〈山東機器局〉，中國近代兵器工業編審委員會編，《中國近代兵器工業——清末至民國的兵器工業》，頁152。

〔註77〕薄芝岩、白東昭整理，〈鞏縣兵工分廠〉，全國人民政治協商會議鞏縣委員會文史資料研究委員會編，《鞏縣文史資料》，輯7（鄭州：同編者，1990年），頁104。

〔註78〕之前廣東兵工廠設有工人聯合會，主要成員多為小集團領袖，忙於選舉、應酬，不務正業；鍾道錩接收時拒絕予以承認，並以兵工廠不得組工會取消之。白海東，〈廣東兵工廠的「工人聯合會」〉，廣東省國防科技工業辦公室、軍工史資料徵集辦公室編，《廣東軍工史料1840～1949》（廣州：同編者，1989年），頁145～149。

三、其他人員的研究分析

（一）兵工署及工廠職員探討

1、副署長及所屬司（科）負責人

根據表 19，其中多數人具備兵工相關專長經歷，15 人具備兵工委員身分，軍械司長由留德學軍事的徐培根擔任，也是基於軍械司業務的特殊性所作考量。〔註 79〕三分之二以上人員有留學經歷，而留德者的比例占全部的一半，顯示兵工署副署長及司、科負責人多以學有專精，留學國外爲條件要求，而留德者在前述兵工技術人員的選才方式，以及國府與德國軍事合作的帶動催化下，有集中化的趨勢。

表 18：兵工署副署長及所屬司、科負責人背景分析表（1928～1937）

姓名	職　稱	任　期	專業背景	兵工委員	留學國家
徐廷瑗	副署長	1928.11～1929.12	軍事		日本
宋式驫	副署長	1929.12～1931.10	兵工	○	德國
洪中	副署長	1931.12～1932.4	火藥		德國（考察）
郭承恩	副署長	1932.4～1932.9	不詳		不詳
翁之麟	副署長	1932.9～1932.12	兵工		不詳
李待琛	設計科長	1928.11～1933.10	造兵 冶金	○	日本、美國
	資源司長	1933.10～1935.4			
胡霨	檢驗科長	1928.11～1931.3	工業	○	德國
	代軍械司長	1934.7～1935.10			
莊權	檢驗科長	1931.3～1931.11	機械	○	德國
	技術司長	1937.1～1937.9			
李世瓊	檢驗科長	1931.11～1932.4	工業	○	英國
趙英	檢驗科長	1932.4～1933.10	不詳	○	不詳
毛毅可	監察科長	1928.11～1930.4	工業	○	德國
胡天一	監察科長	1930.5～1930.11	機械		法國 比利時

〔註 79〕 國史館藏，侍從室檔案，典藏號 129000105161A，〈徐培根〉。

姓名	職　稱	任　　期	專業背景	兵工委員	留學國家
鍾毓靈	監察科長	1930.11～1932.4	軍事測量	○	不詳
鄭家俊	監察科長	1932.4～1933.2	機械	○	德國
陳哲生	監察科長	1933.9～1933.10	物理	○	法國
楊繼曾	行政司長 製造司長	1933.10～1945.1	工業	○	德國
吳欽烈	技術司長	1933.10～1934冬	化學	○	德國、美國
俞大維	兼技術司長	1934冬～1936.8	彈道 參謀		美國、德國
汀杓	技術司長	1936.8～1937.1	工業	○	德國
徐培根	軍械司長	1935.10～1937.5	軍事		德國
陳東生	代軍械司長	1937.6	軍事		無

資料來源：《政府公報》，期559；《國府公報》，期4、5、6、12、20、21、38、49、57、143、267、252、295、341、437、479、521、614、633、654、693、732、775、788、897、921、956、1039、1085、1215、1248、1281、1313、2399；國史館藏，侍從室檔案，典藏號129000036118A，129000016875A，129000105161A，129000025922A，129000099323A，129000101456A，129000035149A，129000001924A；聯勤總部生產署四週年紀念刊編委會編，《聯勤總部生產署四週年紀念刊》，頁12、22、24；中國近代兵器工業檔案史料編委會編，《中國近代兵器工業檔案史料》，冊3，頁52、54、55、445～447；中國近代兵器工業編審委員會編，《中國近代兵器工業——清末至民國的兵器工業》，頁255～256、261、265～266、446～449、453；〈俞大維先生傳略〉，國防部史政編譯局編，《俞資政維公九秩晉五華誕紀念文集》，頁62～63。

　　值得注意的是，自俞大維接掌兵工署起不再設置副署長，即使歷經改組與官佐員額增加，也沒有恢復此職，可見兵工署並不拘泥一般公家單位常有的「副座」編制，而更重視組織的合理性，以及現職人員的整合發揮，相當務實。

2、兵工職員

　　以下將從薪資、專長、任用等方面，分析兵工職員的特性。

（1）薪資

兵工職員的薪資等級，是依照相對應軍階換算之，茲參照民國 24 年（1935）6 月金陵兵工廠官佐薪資，以了解當時兵工職員的薪資水準。

表 19：1935 年 6 月金陵兵工廠官佐薪資表

級別	人數	月薪（元）	附　記
1	1	370	少將廠長
2	5	240～320	上校或相當者
3	9	170～240	中校或相當者
4	18	135～170	少校或相當者
5	37	80～135	上尉或相當者
6	45	60～80	中尉或相當者
7	31	42～80	少尉或相當者
8	15	32～42	准尉或相當者
合計	161		

資料來源：趙志中，〈金陵兵工廠──第六十兵工廠〉，江蘇省政協文史資料委員會、
　　　　　江蘇省國防科學技術工作辦公室編，《江蘇近代兵工史略》，頁 66。

根據表 19，以人數最多的中尉及上尉相當者來看，月薪介於 60～135 元，而當時上海一般化學工廠留學歐美的工程師月薪僅 70 元，相較之下有所不及。〔註 80〕所以兵工職員的待遇，應高於一般就業水準之上，並以此吸引人才投入。

（2）背景分析

再根據民國 18 年兵工署職員表，根據其專長背景分析整理如表 20。

表 20：1929 年 4 月兵工署職員職別與出身統計表

部門	兵工專業背景	一般大學、專科	中學	軍校	其他
署本部	0	4	1	3	1
總務科	1	9	4	0	0
設計科	8	3	1	0	1

〔註 80〕　〈中國新工業之回顧與前瞻〉，天津《大公報》，1936 年 4 月 1 日，版 11。

部門	兵工專業背景	一般大學、專科	中學	軍校	其他
檢驗科	7	2	3	1	0
監察科	4	3	2	1	1
合 計	20	21	11	5	3

資料來源：上海市檔案館 全宗蔣○18目108卷，〈兵工署職員錄〉，1929年4月1日，中國近代兵器工業檔案史料編委會編，《中國近代兵器工業檔案史料》，冊3，頁53～56。

本章第一節曾述及兵工體系內有技術與非技術兩類職員，由表20可知，兵工署內非技術職員在人數比例上大於前者；大學及相當學歷者以擔任副官、秘書、司書、辦事員、譯電員等職務為主，位階多為中尉相當以上，而中學及相當學歷者多擔任司書、譯電員等工作。〔註81〕從事這些行政工作並不需要專精軍火生產相關知識，所以可見許多非兵工專業背景者任職。北伐及中原大戰後由軍方釋出的人員，由於多非出身兵工體系，應為一般技術職員的主要來源之一。〔註82〕

3、軍械庫人員與外籍顧問

此部分所要研究者，為兵工體系中的生產支援體系，茲以軍械庫人員及外籍顧問為對象分別討論。

（1）軍械庫人員

自民國23年（1934）軍械司併入兵工署後，兵工署開始管理轄下的軍械庫，由於無法尋得兵工署頒發的編制表，只能各軍械庫留存資料推測。當時擔任庫長者為中校或相當者，由署呈部委任；副庫長為少校。〔註83〕庫員方面，以第四直屬軍械分庫為例，有上、中、少、准尉庫員各三員，上尉押運員5員，其餘由庫呈請核委補充。〔註84〕從名稱官階看均為軍職，以及軍械

〔註81〕 上海市檔案館全宗蔣○18目108卷，〈兵工署職員錄〉，1929年4月1日，中國近代兵器工業檔案史料編委會編，《中國近代兵器工業檔案史料》，冊3，頁53～56。

〔註82〕 〈兵站總部結束後職員派任各兵工廠任事〉，《中央日報》，1930年12月24日，版8。

〔註83〕 二檔七七四313卷，〈第三直屬軍械分庫沿革〉，1943年12月，中國近代兵器工業檔案史料編委會編，《中國近代兵器工業檔案史料》，冊3，頁1324。

〔註84〕 二檔七七四313卷，〈第四直屬軍械分庫沿革〉，1943年12月19日，中國近代兵器工業檔案史料編委會編，《中國近代兵器工業檔案史料》，冊3，頁1327。

司長爲軍人來看，軍械庫幹部應以軍人擔任爲主。各庫規模、人力不盡相同。由於各軍械庫原無武裝士兵組織，加上人力吃緊，若有警衛需求，得向兵工署提出申請，再協調陸軍部隊支援。抗戰前軍械庫發生事故情形，前文已述及民國 18 年（1929）南京軍械庫火災疏失，〔註85〕但後來則無再發生相關情事紀錄，可見管理已漸上軌道。

（2）外籍顧問

北伐結束後，國府聘請眾多外籍軍事顧問，從事教育訓練、戰略擬訂等備戰工作。兵工署爲加強軍火生產，亦委請多位外籍顧問協助，轄下各單位引進情形整理如表 21 所示。

表 21：1928～1937 年國府兵工單位引進外籍技術顧問情形一覽表

引進單位	顧問姓名	國別	服務情形
漢陽兵工廠	不詳	德國	1933 鄭家俊接任廠長後引進以指導員工。
兵工署技術司	拉力果夫	俄羅斯	1934 兵工署技術司步兵器材科技士，1935 試造新型飛機炸彈定時引信，1936 入中國籍，1937.7 入航空兵器技術研究處。
鞏縣兵工分廠	哈克義（E. F. Hocke）	美國	於氯氣廠服務，因病去世。
	白偉德（T.Q.Black welder），艾世德（D.B. Ayerst），麥司柯夫（M. A. Muskopf），斯柏齡（A. F. Spring），甘勝（H. Gunther）		1932 聘定負責化學兵器全部製造計畫。技術方面初由美籍工程師負責指導，任務完成後先後解聘回國，後由員工接管。各單位機件安裝及試車過程中，重要工程之設計推進多受其督導。
	馬斯德	德國	指導製造防護面具。
兵工署彈道研究所	C·克朗茲（C.Granz），夏定（H. Schardin）	德國	主持創建與初期研究工作，並培訓研究人員。
兵工署材料工程所	施維寧	德國	材料工程所成立時協助指導。

〔註85〕 存萃學社編集，周康燮主編，《中華民國史事日誌》，冊 4，頁 186。

引進單位	顧問姓名	國別	服務情形
技術司砲兵材料科	哈德曼	奧地利	主持十公分砲設計，並計畫砲廠籌建。
砲兵技術研究處	裴夏（Edmund Pechal），克蘭菲許納（N. Kleinferchner），毛毅奇（Karl Moisi），魯格（Anton Iugert）	奧地利	籌備自製火砲及整理砲廠。
兵工署理化研究所	布盧梅（Blume）	德國	協助指導理化研究所。
兵工署應用化學研究所	朴爾豪澤爾（S. Dull-hauser）	德國	協助指導。
廣東第二兵工廠	不詳	德國	兩廣勢力最初以製造中口徑砲及砲彈為建廠目的，大部零件、半成品、工具皆賴德國供應。開廠至 1937，製成 75 野砲、75 及 105 榴彈砲各 1 門，工程師、領首及技術工人皆為德籍，多達 40 餘人之多；國府接辦後遣回。
軍用光學器材籌備所	雅可勃	德國	1937.1 擔任訓練，招收藝徒 40 人，施以光學手藝，備將來工廠應用。
技術司彈道科	德白	瑞典	審核修正各射表。

資料來源：〈兵工生產（一）〉，《國府檔案》，國史館藏，典藏號：001073100A001，入藏登錄號：001000005730A，〈籌建篈縣兵工第二分廠近況報告〉，1934 年 4 月 17 日，001073100001051a－001073100001052a；中國近代兵器工業編審委員會編，《中國近代兵器工業──清末至民國的兵器工業》，頁 240，275；中國近代兵器工業檔案史料編委會編，《中國近代兵器工業檔案史料》，冊 3，頁 678，1123～1127，1255；李元平，《俞大維傳》，頁 51；聯勤總部生產署四週年紀念刊編委會編，《聯勤總部生產署四週年紀念刊》，頁 235，237，241；國民革命建軍史編纂委員會撰述，朱瑞月編，《國民革命建軍史》，部 2，頁 338。

由表 21 可知，並非各廠皆有外籍顧問，而聘用的主要考量在於需求性、

必要性及期間長短。如鞏縣兵工分廠實爲化學兵工廠，當時國內化學工業富有經驗之技術人員與工人俱缺，〔註86〕故須聘請外籍專家，除協助建廠外，並進行運作方式的教學，以利我國人員日後獨立運作。在各單位機件安裝及試車過程中，重要工程之設計推進，多受外籍專家之督導。〔註87〕在外籍顧問歸國後，鞏縣兵工分廠能由國人自行運作，代表其階段性任務已順利達成。其他如軍用光學器材籌備所、彈道研究所聘用顧問，亦考量到研究人才的培訓。

　　兵工署所聘外籍顧問，多爲學有專精之工程師或專家學者。如成立彈道研究所時聘請之克朗茲博士，爲國際彈道學權威。〔註88〕理化研究所布盧梅，爲法本化學工業化學工程師、黑色火藥專家，學識優良，任事勤奮；服務於彈道科的德白周密籌畫，迅速回解答各種專業問題。〔註89〕拉力果夫於引信雷管等製造頗有研究及心得。〔註90〕可見兵工署在選才、任用及溝通上，均能把握要領，方能從中得到最大助益。

　　兵工署並不讓外籍顧問擔任科長、技正等職務，而是以階段性任務模式，讓外籍顧問擔任機構新創時的籌建與人員培訓工作，日後方能不再假手外人，獨立運作；並藉此避免重演過去地方兵工廠將技術部分交其主導，甚至操弄廠務的流弊。〔註91〕可見當時兵工署對於國防自主，已有相當的概念與具體作爲。

〔註86〕　〈籌建鞏縣兵工第二分廠近況報告〉，〈兵工生產〉，《國府檔案》，國史館藏，典藏號：001073100A001，入藏登錄號：001000005730A，1934 年 4 月 17 日，001073100001051a－001073100001052a。

〔註87〕　吳欽烈，〈第二十三兵工廠〉，聯勤總部生產署四週年紀念刊編委會編，《聯勤總部生產署四週年紀念刊》，頁 237、241。

〔註88〕　李元平，《俞大維傳》，頁 51。

〔註89〕　二檔七七四 686 卷，〈吳沆爲增加外籍人員德白等月薪給俞大維簽呈〉，1935 年 4 月 15 日，中國近代兵器工業檔案史料編委會編，《中國近代兵器工業檔案史料》，冊 3，頁 1124；中國近代兵器工業編審委員會編，《中國近代兵器工業——清末至民國的兵器工業》，頁 240。

〔註90〕　二檔七七四 686 卷，〈劉東驥爲增加外籍技士拉力果夫月薪給俞大維簽呈稿〉，1936 年 3 月 11 日，中國近代兵器工業檔案史料編委會編，《中國近代兵器工業檔案史料》，冊 3，頁 1126。

〔註91〕　二檔七七四 686 卷，〈俞大維爲聘外員卜魯克等待遇給蔣介石簽呈〉，1934 年 4 月 28 日，中國近代兵器工業檔案史料編委會編，《中國近代兵器工業檔案史料》，冊 3，頁 1123。如東三省兵工廠，由於主事者過分重用外籍顧問，以致其自視甚高，把持廠務。陳修和，〈有關上海兵工廠的回憶〉，中國兵工學會兵工史編輯部編，《兵工史料》，輯 2，頁 164～165。

　　當時聘請外籍技術顧問，較大的疑慮在於保密問題，以及金錢開銷太大。外籍顧問來華均列為秘密事項，目的在避免引起外國窺探，洩漏國防機密。惟如缺乏適當約束或溝通，仍可能發生洩密問題。以鞏縣兵工分廠為例，所聘美國工程師曾將其秘密洩漏給美國駐華武官。〔註 92〕若得到機密的國家別有居心，後果將不堪設想。

　　金錢開銷方面，外籍顧問的薪資頗高，來華及返國川資亦由國府負擔。〔註 93〕民國 23 年（1934）兵工署給予部分外籍顧問的月薪行情介於 280～340 元，遠多於本國技術人員。〔註 94〕民國 25 年（1936）付給奧地利火砲工程師的月薪甚至多達 850 元。〔註 95〕基於借重其技術專長的角度，外籍顧問支領高薪無可厚非，惟須注意其背後之商業因素，亦即材料的持續購入及技術方面的依賴，且在業務推動上有相當的不確定性。如且民國 24 年（1935）聘請奧地利火砲工程師籌備自製火砲及整理砲廠計畫，抗戰爆發後因訂購之配件機器留滯國外，難以為繼。〔註 96〕又如兵工署民國 25 年（1936）底接收的廣東第二兵工廠，規劃生產中口徑火砲及砲彈，但大部分零件及半成品、工具等皆賴德國供應，德籍人員有 40 餘人；兵工署重新規劃，預計德人僅留數名，〔註 97〕但到民國 26 年（1937）8 月尚有 20 餘人滯華，月薪共約 20，000 餘元，正式開工尚須添聘；補充機器設備及購備 1 年製造材料等，共需約 1，890 萬元。〔註 98〕至遷川前才辭去全部德人。〔註 99〕從上述二例來看，聘請外籍顧

〔註92〕　楊日旭，〈美國對華軍事情報密檔中有關我國國防工業的報告——鞏縣化武工廠情報之洩密〉，《現代中國軍事史評論》，期 7（1991 年 8 月），頁 1～13。

〔註93〕　〈軍政部應用化學研究所辦理進程暨經費支付估算表〉，〈兵工生產（一）〉，《國府檔案》，國史館藏，典藏號：001073100A001，入藏登錄號：001000005730A，1934 年 4 月 17 日，001073100001078a。

〔註94〕　二檔七七四 686 卷，〈俞大維為聘外員卜魯克等待遇給蔣介石簽呈〉，1934 年 4 月 28 日，中國近代兵器工業檔案史料編委會編，《中國近代兵器工業檔案史料》，冊 3，頁 678，1123～1124

〔註95〕　重檔，10 廠 1 目 268 卷，〈莊權為聘用及解聘外籍人員給俞大維等文件〉，1935 年 12 月～1938 年 2 月，中國近代兵器工業檔案史料編委會編，《中國近代兵器工業檔案史料》，冊 3，頁 1125。

〔註96〕　重檔，10 廠 1 目 268 卷，〈莊權為聘用及解聘外籍人員給俞大維等文件〉，1935 年 12 月～1938 年 2 月，中國近代兵器工業檔案史料編委會編，《中國近代兵器工業檔案史料》，冊 3，頁 1125～1126。

〔註97〕　重檔，50 廠 256 卷，〈聯合勤務總司令部兵工署第五十工廠廠史〉，中國近代兵器工業檔案史料編委會編，《中國近代兵器工業檔案史料》，冊 3，頁 1255。

〔註98〕　〈何應欽電蔣中正請式接收廣東琶江兵工廠事宜表〉，〈弭平石唐叛變（三）〉，《蔣檔》，國史館藏，典藏號：002000002071A，入藏登錄號：002－090101

問除耗資甚鉅，也可能因爲時空條件改變與規劃上的限制，以致拉長聘用時間，甚至無法達成預期目的。

第三節　兵工廠的管理

　　兵工廠工人是兵工製造最基層的執行者，由於人數眾多，又扮演生產上不可或缺的角色，工人的管理遂成爲兵工人事重要的一環。以下先分析工人的來源、組成與性質，再探討其工作情形與待遇福利，並對工潮問題做剖析。

一、工人的管理

　　民初兵工廠的工人，多來自長年設有兵工廠的工業都市，主因在於熟練工人較多，而兵工廠也對軍火工人造成磁吸效應。如上海兵工廠工人多半長住市郊，彼此爲親友或師徒；〔註100〕東三省兵工廠成立時，員工多來自漢陽、德州、上海兵工廠。〔註101〕河南鞏縣兵工廠則因本地工匠很少，技術較高者多爲外地人。〔註102〕至於特殊項目如化學工業，國內富有經驗工人則十分缺乏。〔註103〕民國20年（1931）九一八事變後，大批東北兵工廠員工進入關內，同年11月抵達上海者已有3000餘人，由軍政部飭令兵工署適當救濟，安插各兵工廠。〔註104〕如此可視爲另類的工人來源。

　　　　－00012－286，1937年8月13日，0020901010122 86001a－0020901010122 86002a。

〔註99〕　〈廣東第二兵器製造廠〉，中國近代兵器工業編審委員會編，《中國近代兵器工業──清末至民國的兵器工業》，頁195。

〔註100〕陳修和，〈有關上海兵工廠的回憶〉，中國兵工學會兵工史編輯部編，《兵工史料》，輯2，頁153。

〔註101〕〈韓復榘電蔣中正請撤換新城兵工廠胡廠長改以王學智接替其缺〉，〈革命文獻──國防設施（二）〉，《蔣檔》，國史館藏，典藏號：002－020200－024－044，入藏登錄號：002000000344A，1932年6月24日，002020200024044001x；陶涒文，〈東三省兵工廠草創記〉，全國政協文史資料委員會編，《文史資料存稿選編》，冊18（北京：中國文史出版社，2002年），頁175。

〔註102〕〈河南省鞏縣孝義兵工廠黨組織活動情形〉，全國人民政治協商會議鞏縣委員會文史資料研究委員會編，《鞏縣文史資料》，輯2，頁3。

〔註103〕〈籌建鞏縣兵工第二分廠近況報告〉，〈兵工生產（一）〉，《國府檔案》，國史館藏，典藏號：001－073100－0001，入藏登錄號：001000005730A，1934年6月8日，001073100001051a－001073100001052a。

〔註104〕〈瀋陽兵工廠被難員工已經設法安置〉，《中央日報》，1931年11月4日，版8。

　　根據民國 26 年（1937）1 月公布〈兵工署直轄各廠工人待遇暫行規則令〉，各廠工人依職責與技能，分爲領工、領首、工匠、藝徒、小工；以是否納入編制爲標準，則分爲正工與臨時工；領工、領首選技術精良且善於指導之工人充之，正工係由臨時工匠或小工中服務 1 年以上者擇優選補；藝徒性質類似學徒，擇 14 至 18 歲，體格健全並有工人子弟學校、完全小學畢業或同等學力者考選之，學習期 4 年，期滿合格升爲工匠，正工缺額時得補爲正工。〔註105〕領工、領首通常爲最資深的工人；〔註106〕正工的地位與工作權比臨時工有保障，是工人的中堅。當時一般工廠多將收學徒作爲降低人事成本的方法，〔註107〕但兵工署相當重視藝徒培訓，希望藉此提升工人整體素質，並計畫增收藝徒以達目的。〔註108〕

　　各廠得視需求隨時考補工人，惟曾受刑事處分褫奪公權者、在他廠犯過開除或擅自離廠者、身體不強健或有傳染病者，以及未滿 16 歲或超過 50 歲者均不得僱用。〔註109〕兵工署並於民國 25 年（1936）11 月規定兵工廠應將離職者資料呈報，以防工人跳廠工作。〔註110〕對照〈工廠法〉，〈兵工署直轄各廠工人待遇暫行規則〉並無列入女性分娩可停工規定。〔註111〕可見兵工廠工人應以男性佔絕大多數。

　　工人獎懲規定，到民國 26 年（1937）公布〈兵工署直轄各廠工人待遇暫

〔註105〕 重檔，50 廠 3 目 88～91 卷，〈軍政部公布兵工署直轄各廠工人待遇暫行規則令〉，1937 年 1 月，中國近代兵器工業檔案史料編委會編，《中國近代兵器工業檔案史料》，冊 3，頁 893～894。

〔註106〕 鄒維鏞，〈廣東兵器製造廠概略〉，廣東省國防科技工業辦公室、軍工史資料徵集辦公室編，《廣東軍工史料 1840～1949》，頁 168。

〔註107〕 劉大鈞，《上海工業化研究》（上海：商務印書館，1940 年），頁 88～89。

〔註108〕 〈蔣中正電俞大維廿六年度起兵工署工廠擴充招收藝徒並另撥經費專用〉，〈籌筆──統一時期（一七七）〉，《蔣檔》，國史館藏，典藏號：002－010200－00177－051，入藏登錄號：002010200177051，1937 年 6 月 27 日，002－010200－177－051－001x。

〔註109〕 重檔，50 廠 3 目 88～91 卷，〈軍政部公布兵工署直轄各廠工人待遇暫行規則令〉，1937 年 1 月，中國近代兵器工業檔案史料編委會編，《中國近代兵器工業檔案史料》，冊 3，頁 893～894。

〔註110〕 二檔七七四 3090 卷，〈楊繼曾擬具各廠不得補用開革解僱工人辦法給俞大維簽呈〉，1936 年 11 月，中國近代兵器工業檔案史料編委會編，《中國近代兵器工業檔案史料》，冊 3，頁 814。

〔註111〕 重慶檔案館藏，50 廠 3 目 88～91 卷，〈軍政部公布兵工署直轄各廠工人待遇暫行規則令〉，1937 年 1 月，中國近代兵器工業檔案史料編委會編，《中國近代兵器工業檔案史料》，冊 3，頁 893～894。

行規則〉方告一致，其中規定廠方考核工人勤惰與技能，年終由廠長組織考核委員會，分別獎懲升降；特殊勞績者得隨時呈署請予升級，曠工者罰扣工資或除名；藝徒輟學或犯規遭開除者，並須追繳前領津貼。〔註112〕

由於兵工廠本身的特殊性，兵工廠工人具有兵工性質與黨政色彩，茲分述如下：

1、兵工性質

兵工廠工人屬於兵工性質，不同於一般工人。〈工廠法〉規定，軍用工作者必要時得停止休假。〔註113〕即說明兵工廠工人的特殊性。再根據民國26年（1937）〈兵工署直轄各廠工人待遇暫行規則令〉，各廠工人可因必要呈准視爲陸軍軍屬；於從事軍事工作區域內犯罪時，得以軍法處理。〔註114〕而〈新進人員保證書並轉發修正陸海空軍新進人員保證辦法〉，對新進工人採取和軍職人員相同標準，規定要有保證人2名，確保服務期間絕對保密。〔註115〕

兵工廠對於工人的組織訓練相當重視，如一二八事變爆發後，金陵兵工廠便對職工實施軍事訓練。〔註116〕蔣介石亦指示兵工署應對兵工廠員工實施組織訓練。〔註117〕可見基於兵工廠業務的特殊性，工人被賦予兵工性質，以軍事化規訓與管理的手段，確保兵工廠運作正常。

2、黨政色彩

當時國府是由國民黨以黨領政，官辦的兵工廠也因此具備國民黨色彩與

〔註112〕 重慶檔案館藏，50廠3目88～91卷，〈軍政部公布兵工署直轄各廠工人待遇暫行規則令〉，1937年1月，《中國近代兵器工業檔案史料》，冊3，頁896～897。

〔註113〕 《國府公報》，370號，頁1～8。

〔註114〕 重慶檔案館藏，50廠3目88～91卷，〈軍政部公布兵工署直轄各廠工人待遇暫行規則令〉，1937年1月，中國近代兵器工業檔案史料編委會編，《中國近代兵器工業檔案史料》，冊3，頁893。

〔註115〕 重檔，兵工署一目212卷，〈兵工署制定新進人員保證書並轉發修正陸海空軍新進人員保證辦法〉，約1937年，中國近代兵器工業檔案史料編委會編，《中國近代兵器工業檔案史料》，冊3，頁814～815。

〔註116〕 鄭洪泉，〈國寶‧功臣抗日英雄——抗戰時期戰鬥在兵工戰線上的李承幹〉，《紅岩春秋》，頁25。

〔註117〕 〈蔣中正電俞大維參考上海虹口康元罐頭廠精神實施組織訓練各兵工廠員役與工人〉，〈一般資料——手稿錄底（二十四）〉，《蔣檔》，國史館藏，典藏號：002－080200－00419－038，入藏登錄號：002000001808A，1936年3月10日，0020802000419038001a。

官方機構的特色，工人受到的影響反映在宣導與組織上。〈兵工署直轄各廠工人待遇暫行規則令〉規定，對於工人涵養德性或增進智識，每週得召開演講 2 次，並於可能範圍內提倡工人之正當娛樂。〔註 118〕這些規定著重工人正向品行的教化培養，以提升素質並利於管理。此外國府於民國 25 年（1936）接收廣東兵工廠後，透過設立國語班，以增進廣東工人對國府管理者的溝通與認同。〔註 119〕

國民黨對於在兵工廠發展組織不遺餘力，以上海兵工廠為例，民國 17 年（1928）5 月已設有黨部。〔註 120〕此時上海兵工廠工會已受到廠方高層與國民黨雙方介入，同年 6 月底改組選舉，廠長代表、政治訓練部主任均發表演說；〔註 121〕9 月廠方及工會指導工人籌備國慶紀念，工會並籌措五分之一費用；〔註 122〕10 月 24 日工會聲援濟南慘案。〔註 123〕對照圖 4，此時上海兵工廠已撤銷工會之正式編制，可見兵工廠工會已成為上層認可的團結性組織，目的在促進管理與動員，而非員工自組爭取權益之用。

其他兵工廠方面，漢陽兵工廠也設有區黨部。〔註 124〕民國 24 年（1935）上海煉鋼廠職工 300 餘人中約十分之一入黨，遂成立區分部，受上海特別市黨部管轄。〔註 125〕至於國府較晚接管的鞏縣兵工廠，為對抗共黨滲透，民國 25 年（1936）亦發展一批國民黨員，以茲抗衡。〔註 126〕國民黨組織對兵工廠

〔註 118〕 重檔，50 廠 3 目 88～91 卷，〈軍政部公布兵工署直轄各廠工人待遇暫行規則令〉，1937 年 1 月，中國近代兵器工業檔案史料編委會編，《中國近代兵器工業檔案史料》，冊 3，頁 894。
〔註 119〕 白海東，〈廣東兵工廠的「工人聯合會」〉，廣東省國防科技工業辦公室、軍工史資料徵集辦公室編，《廣東軍工史料 1840～1949》，頁 148。
〔註 120〕 〈滬兵工廠黨部歸市黨部管轄〉，《中央日報》，1928 年 5 月 6 日，版 6。
〔註 121〕 〈滬兵工廠工會昨開改選大會〉，《中央日報》，1928 年 7 月 1 日，版 7。此處所稱工會，應是廠方發起的工人組織，而非工人自組之工會。
〔註 122〕 〈淞滬各界籌備國慶紀念忙吳淞各界除提燈外並有遊藝兵工廠廠方及工會合籌費用〉，《中央日報》，1928 年 10 月 1 日，版 7。
〔註 123〕 〈滬兵工廠工會力爭濟南慘案〉，《中央日報》，1928 年 10 月 24 日，版 3。
〔註 124〕 〈鄂省黨部一三一次常會准召武昌縣市及兵工廠黨務聯席談話會〉，《中央日報》，1930 年 10 月 5 日，版 8。
〔註 125〕 重檔，29 廠 5 目 719 卷，〈第三工廠前身上海煉鋼廠史料〉，1935 年 3 月 25 日，中國近代兵器工業檔案史料編委會編，中國近代兵器工業檔案史料》，冊 3，頁 1180～1181。
〔註 126〕 〈河南省鞏縣孝義兵工廠黨組織活動情形〉，全國人民政治協商會議鞏縣委員會文史資料研究委員會編，《鞏縣文史資料》，輯 2，頁 4。

工人的介入，對於工人的管控與組織，應有一定程度幫助；但因為其性質是由上發起，多數工人應是被動參與，究竟能引起多少認同並發揮影響力，仍有待商榷。

二、工作與福利

（一）工時

依民國 18 年〈工廠法〉相關規定，成年工人每日工作以 8 小時為原則，得延長至 10 小時；如因事變影響，可再延長至 12 小時；休假規定方面，每 7 日應休息 1 日，法定紀念日均應給假；工人依年資給予特別休假。〔註 127〕如此可兼顧工廠產能與工人健康。民國 21 年（1932）1 月 20 日公布〈軍政部兵工署直轄各廠工人待遇暫行簡章〉，以〈工廠法〉為基礎，規定除緊要事故，每月請假不能超過 3 日；患病或因公受傷者經醫務課證明呈准給假。〔註 128〕民國 26 年（1937）1 月修訂後的〈兵工署直轄各廠工人待遇暫行規則令〉規定，藝徒未滿 16 歲者不得加工。〔註 129〕以確保未成年工作者的健康。

但根據漢陽兵工廠經驗，員工到工散工時間須嚴責遵守，遲到早退予以懲處，否則請假漫無限制，工人曠工尤為固常，易延誤工作，短欠出品。〔註 130〕可見規定與實際遵守情形或多或少存在落差，端視管理情形而定。

（二）福利

民初各兵工廠每因管理方法之失妥，暨待遇工人之不善，以致發生種種影響。〔註 131〕為此兵工署與各廠對工人福利更為重視，其具體作法可分為福利機構、工資規定二項。分別說明如下：

〔註 127〕 《國府公報》，370 號，頁 1～8。

〔註 128〕 二檔一（1）6006 卷，〈國民政府公兵工署直轄各廠工人待遇暫行簡章給行政院指令〉，1932 年 1 月 20 日，中國近代兵器工業檔案史料編委會編，《中國近代兵器工業檔案史料》，冊 3，頁 890～892。

〔註 129〕 重檔，50 廠 3 目 88～91 卷，〈軍政部公布兵工署直轄各廠工人待遇暫行規則令〉，1937 年 1 月，中國近代兵器工業檔案史料編委會編，《中國近代兵器工業檔案史料》，冊 3，頁 894。

〔註 130〕 〈漢陽兵工廠整理計畫摘要報告〉，〈兵工生產（一）〉，《國府檔案》，國史館藏，典藏號：001－073100－0001，入藏登錄號：001000005730A，1934 年 6 月 8 日，0010731000001022a。

〔註 131〕 〈全國兵工之改革計畫〉，《盛京時報》，1929 年 4 月 29 日，版 1。

1、福利機構

民初工廠福利機構的設置，導因自都市勞工數量隨工業化而漸增，工人多喜留居都市，享受自由，或藉此擁有較多發展機會，為此許多工廠設立醫院或教育機構，以改善勞工福利，吸引工人加入。〔註132〕所以兵工廠的福利機構設置，並非當時首創，但重視的程度可能有過之，如金陵兵工廠便於民國26年（1937）5月於廠長秘書下設辦公廳，設置職工福利課。〔註133〕以專責機構辦理福利業務，在當時可說是相當先進的做法。

兵工廠工作的危險性高於一般工廠，據統計民國23～24年（1934～1935）各廠因火工作業意外殉職者就多達十餘人。〔註134〕對此各廠多設有醫務課，醫治患病及受傷職工，民國26年（1937）〈兵工署直轄各廠工人待遇暫行規則〉更明文規定之。〔註135〕各廠對處理傷病工人多採取積極態度，如漢陽兵工廠醫務課聘用醫學專門人員主持，添購設備藥品，下午附診家屬以輕其負擔，並進行防疫注射，自民國23年（1934）3月至12月就診達54,594人次。〔註136〕上海煉鋼廠對於嚴重傷病患，更以車輛送往市區醫院醫治，並負擔醫藥費。〔註137〕可見各廠對此十分重視，確實施行，藉以安定職工人心，使其專心工作。

兵工廠教育措施分為兩類，一是工人教育，二是子弟學校。前者如上海煉鋼廠推行工人補習教育，訂購報紙雜誌鼓勵職工閱讀充實知識，以及金陵兵工廠的藝徒補習班。〔註138〕後者為完全小學，依據〈兵工署直轄各廠工人

〔註132〕 中國勞工運動史編纂委員會編，《中國勞工運動史》，編2（臺北：中國勞工福利社，1959年），頁272。

〔註133〕 孫學斌，〈第二十一兵工廠〉，聯勤總部生產署四週年紀念刊編委會編，《聯勤總部生產署四週年紀念刊》，頁231～232。

〔註134〕 重檔，兵工署1目677卷，〈兵工署為陳述修械費準備費開支辦法復軍政部呈文稿〉，1935年11月23日，中國近代兵器工業檔案史料編委會編，《中國近代兵器工業檔案史料》，冊3，頁782。

〔註135〕 重檔，50廠3目88～91卷，〈軍政部公布兵工署直轄各廠工人待遇暫行規則令〉，1937年1月，中國近代兵器工業檔案史料編委會編，《中國近代兵器工業檔案史料》，冊3，頁895～896。

〔註136〕 〈漢陽兵工廠整理計畫摘要報告〉，〈兵工生產（一）〉，《國府檔案》，國史館藏，典藏號：001－073100－0001，入藏登錄號：001000005730A，1934年6月8日，001073100001041a。

〔註137〕 重檔，29廠5目719卷，〈第三工廠前身上海煉鋼廠史料〉，1935年3月25日，中國近代兵器工業檔案史料編委會編，《中國近代兵器工業檔案史料》，冊3，頁1181。

〔註138〕 重檔，29廠5目719卷，〈第三工廠前身上海煉鋼廠史料〉，1935年3月25日，中國近代兵器工業檔案史料編委會編，《中國近代兵器工業檔案史料》，

待遇暫行規則〉，各廠均應設置子弟學校，對未滿 14 歲子弟授以義務教育。〔註139〕如上海煉鋼廠子弟學校有學生 200 餘名。〔註140〕民國 22 年（1933）漢陽兵工廠子弟學校學生 600 餘人，課程標準依照教育部規定方針，高年級學生加強職業教育以因應就業需求。〔註141〕且男生畢業表現優良者可經考選入廠充當藝徒，亦即與父執輩共同在廠工作。〔註142〕藉此使員工無後顧之憂，並提高向心力。

　　職工宿舍方面，各廠多有規畫，如金陵兵工廠民國 23 年（1934）新建職工宿舍。〔註143〕職工宿舍可吸引外地工人前來工作，也可促進職工之間的互動與交流，增進對工廠的歸屬感。據俞大維說法，抗戰爆發後兵工廠能順利撤退到後方，是來自兵工廠全體員工以廠為家，生死與共的體驗，而戰爭開始前已在各廠實施的福利制度，對凝聚職工向心力功勞很大。〔註144〕但福利制度也可能旁生枝節，造成困擾，如金陵兵工廠工人子弟學校民國 20 年（1931）曾發生師生戀愛及用人失當問題；〔註145〕工潮嚴重的鞏縣兵工廠所設子弟學校，教職員中潛伏中共黨員。〔註146〕可見福利措施也可能會分散管理者的注意力與廠方資源，並衍生事端。

　　　　冊 3，頁 1181；趙志中，〈金陵兵工廠——第六十兵工廠〉，江蘇省政協文史資料委員會、江蘇省國防科學技術工作辦公室編，《江蘇近代兵工史略》，頁 64。

〔註139〕重檔，50 廠 3 目 88～91 卷，〈軍政部公布兵工署直轄各廠工人待遇暫行規則令〉，1937 年 1 月，中國近代兵器工業檔案史料編委會編，《中國近代兵器工業檔案史料》，冊 3，頁 894。

〔註140〕重檔，29 廠 5 目 719 卷，〈第三工廠前身上海煉鋼廠史料〉，1935 年 3 月 25 日，中國近代兵器工業檔案史料編委會編，《中國近代兵器工業檔案史料》，冊 3，頁 1181。

〔註141〕〈漢陽兵工廠整理計畫摘要報告〉，〈兵工生產（一）〉，《國府檔案》，國史館藏，典藏號：001－073100－0001，入藏登錄號：001000005730A，1934 年 6 月 8 日，001073100001040a－001073100001041a。

〔註142〕重檔，20 廠 1011 卷，〈修正兵工廠職工子弟學校簡章〉，中國近代兵器工業檔案史料編委會編，《中國近代兵器工業檔案史料》，冊 3，頁 1042～1043。

〔註143〕孫學斌，〈第二十一兵工廠〉，聯勤總部生產署四週年紀念刊編委會編，《聯勤總部生產署四週年紀念刊》，頁 231～232。

〔註144〕李元平，《俞大維傳》，頁 53。

〔註145〕〈金陵兵工廠工人子弟學校已經黃廠長著手改組〉，《中央日報》，1931 年 1 月 31 日，版 8。

〔註146〕景榮翔，〈關於孝義兵工廠學校情況的回憶〉，全國人民政治協商會議鞏縣委員會文史資料研究委員會編，《鞏縣文史資料》，輯 2，頁 35。

2、工資規定

當時的薪資標準，主要取決於工時長短與工人的知識技術。〔註147〕民國26 年（1937）1 月〈兵工署直轄各廠工人待遇暫行規則令〉規定，工資應依技藝按等級表規定之，易患職業病工廠之工人得酌加。〔註148〕此外還有資歷的考量，工作勤奮、技能精進且未犯規者，每年得升一級。〔註149〕所以同工廠之工人，薪資可能差異頗大。

〈工廠法〉規定，最低工資率應以工廠所在地之工人生活狀況爲標準。〔註150〕所以各廠之間的薪資水準也略有不同。民國 23 年（1934）7 月武漢地區男性工人月薪多介於 22～66 元，平均約 40 元。〔註151〕漢陽兵工廠與火藥廠的工人，應該也在這個水準。再據民國 24 年（1935）6 月金陵兵工廠工人日薪表推測，若以每月 30 天計，工人月薪最高者約 75 元，大多不足 30 元。〔註152〕如表 22 所示：

表 22：1935 年 6 月金陵兵工廠工人日薪表

工資級別	2.5 元以下	2 元以下	1.5 元以下	1 元以下	0.5 元以下	合計
人　數	6	20	205	1,048	603	1,882

資料來源：趙志中，〈金陵兵工廠——第六十兵工廠〉，收入江蘇省政協文史資料委員會、江蘇省國防科學技術工作辦公室編，《江蘇近代兵工史略》，頁 67。

再以鞏縣兵工廠爲例，工匠介於 9 至 42 元，以 20 至 30 元者居多，較其他兵工廠行情爲低。〔註153〕廣東兵工廠藝徒每日開工 12 小時支雙工，連帶獎金

〔註147〕 劉大鈞，《上海工業化研究》（上海：商務印書館，1940 年），頁 86～87。
〔註148〕 重檔，50 廠 3 目 88～91 卷，〈軍政部公布兵工署直轄各廠工人待遇暫行規則令〉，1937 年 1 月，中國近代兵器工業檔案史料編委會編，《中國近代兵器工業檔案史料》，冊 3，頁 894。
〔註149〕 重檔，50 廠 3 目 88～91 卷，〈軍政部公布兵工署直轄各廠工人待遇暫行規則令〉，1937 年 1 月，中國近代兵器工業檔案史料編委會編，《中國近代兵器工業檔案史料》，冊 3，頁 896。
〔註150〕 《國府公報》，370 號，頁 1～8。
〔註151〕 〈武漢工人之生活〉，《勞工月刊》，3 卷 7 期，1934 年 7 月，收入中華全國總工會中國工人運動史研究室編，《中國工運史料》，26 期（北京：工人出版社，1984 年），頁 104。
〔註152〕 趙志中，〈金陵兵工廠——第六十兵工廠〉，江蘇省政協文史資料委員會、江蘇省國防科學技術工作辦公室編，《江蘇近代兵工史略》，頁 67。
〔註153〕 〈河南省鞏縣孝義兵工廠黨組織活動情形〉，全國人民政治協商會議鞏縣委員會文史資料研究委員會編，《鞏縣文史資料》，輯 2，頁 3。

月收入 30 多元，技工則爲 70～80 元，較前述各廠爲多。﹝註154﹞鑒於當時內地的工廠，工資常較臨海地區爲低，﹝註155﹞各廠之間相比，大致符合此傾向。

加工費方面，民國 20 年（1931）7 月〈修正兵工廠員司加工益薪辦法〉規定，加工服務須先呈署核准，每日加班達規定時間之半數者，其益薪數目得按加工日數支給，未及半數者得積時計算；月薪 100 元以上者，照原薪日支額給四分之一；不足 100 元者支三分之一。﹝註156﹞考量前述工人月薪一般不超過 100 元，此項應是針對整體職員與工人共同規定的。民國 26 年（1937）〈兵工署直轄各廠工人待遇暫行規則令〉規定，加工每 3 小時作半工計算，不滿者累計 8 小時爲一工，惟以出品數量計算者不在此限。﹝註157﹞基於兵工廠須配合生產的特性與補貼收入的動機，工人通常會盡可能配合加工。

工人薪資與加工費以外的金錢津貼，主要分爲獎金與傷病補助撫卹二類。獎金規定方面，民國 21 年（1932）〈兵工署直轄各廠工人待遇暫行簡章〉規定，工人 60 歲得退休，依年資給予養老金，每年年終並加獎正工資一個月。﹝註158﹞明文定出對退休工人的保障。民國 26 年（1937）〈兵工署直轄各廠工人待遇暫行規則令〉規定，全年事假不超過 5 天者，每屆年終加獎單工工資 1 個月，全月不假者加獎單工一工工資，每月照加者，另獎工資半個月；例假日前一日及星期六到全工者，例假日及星期日給單工工資，臨時工人服務滿一年者，得領前述二分之一獎金。﹝註159﹞兵工署藉以上環環相扣的獎金制度，鼓勵工人穩定出勤，努力工作。

﹝註154﹞鄔維鏞，〈廣東兵器製造廠概略〉，廣東省國防科技工業辦公室、軍工史資料徵集辦公室編，《廣東軍工史料 1840～1949》，頁 168。

﹝註155﹞1924 年英文版《中華年鑑》資料，收入中國勞工運動史編纂委員會編，《中國勞工運動史》，編 2（臺北：中國勞工福利社，1959 年），頁 272。

﹝註156﹞重慶檔案館藏，資料法規 7，〈兵工署轉頒修正兵工廠員司加工益薪辦法〉，1931 年 7 月，中國近代兵器工業檔案史料編委會編，《中國近代兵器工業檔案史料》，冊 3，頁 890。

﹝註157﹞重慶檔案館藏，50 廠 3 目 88～91 卷，〈軍政部公布兵工署直轄各廠工人待遇暫行規則令〉，1937 年 1 月，中國近代兵器工業檔案史料編委會編，《中國近代兵器工業檔案史料》，冊 3，頁 894。

﹝註158﹞二檔一（1）6006 卷，〈國民政府公布兵工署直轄各廠工人待遇暫行簡章給行政院指令〉，1932 年 1 月 20 日，中國近代兵器工業檔案史料編委會編，《中國近代兵器工業檔案史料》，冊 3，頁 890～892。

﹝註159﹞重檔，50 廠 3 目 88～91 卷，〈軍政部公布兵工署直轄各廠工人待遇暫行規則令〉，1937 年 1 月，中國近代兵器工業檔案史料編委會編，《中國近代兵器工業檔案史料》，冊 3，頁 896～897。

除前述工作獎金外，還有年賞，相當於年終獎金，因為與年底月薪同時發放，又被稱為雙薪。陳儀任內欲以改行西曆為由更改規定，但考量民情而未推行。〔註160〕鞏縣兵工廠更曾因未按時發給年賞引起工潮。〔註161〕可見其年賞對於工人度過年關的重要性，而各廠對於年賞多採取審慎的態度，不敢輕忽。

傷病補助撫卹方面，根據民國 21 年（1932）〈軍政部兵工署直轄各廠工人待遇暫行簡章〉，患病或公傷工人經醫務課證明呈准廠長給假休養者，工資依年資與修養日數照規定比率給予之；致成殘廢者給予贍養金，積勞病故之工人，按年資給予一次卹金。〔註162〕民國 26 年（1937）〈軍政部公布兵工署直轄各廠工人待遇暫行規則令〉規定，患病者依年資與病假期間長短給予單工或部分工資，積勞成疾者給予喪葬費，並依年數給予卹金，因公致傷須送他院經核准者，由廠支應相關經費，須休養經核准者，依時間照發單工或部分工資；因公殘廢者醫藥費由廠負擔，給予一次 1 年之單工工資，並按服務年限再加給一次贍養金；殉職者除喪葬費 100 元外，並給予撫卹費 250 元及 2 年之平均單工工資；60 歲以上退休者，在廠 10 年以上者按年資給予養老金，領工領首再加給 100 元。〔註163〕如此對於工人因公傷亡的保障得以進一步確定。

當時地方軍政勢力如廣西省，會以重金吸引工人前往，頗難禁止。〔註164〕而各廠間由於薪資待遇與工作管理情形不盡相同，導致先後發生工人擅離改入他廠工作情事，兵工署因此於民國 25 年（1936）11 月規定，各廠不得補用因過失開革或託辭解僱工人，並須將離職者資料呈報。〔註165〕可見工人跳廠問題之普遍與嚴重程度，並非少數個案。

〔註160〕〈京內外各兵工廠之犒賞額金〉，《中央日報》，1929 年 12 月 26 日，版 7。

〔註161〕河南省總工會編，《河南工運大事記（1897～1992）》（鄭州：河南人民出版社，1995 年），頁 60。

〔註162〕二檔一（1）6006 卷，〈國民政府公兵工署直轄各廠工人待遇暫行簡章給行政院指令〉，1932 年 1 月 20 日，中國近代兵器工業檔案史料編委會編，《中國近代兵器工業檔案史料》，冊 3，頁 890～892。

〔註163〕重檔，50 廠 3 目 88～91 卷，〈軍政部公布兵工署直轄各廠工人待遇暫行規則令〉，1937 年 1 月，中國近代兵器工業檔案史料編委會編，《中國近代兵器工業檔案史料》，冊 3，頁 895～896。

〔註164〕〈復陳漢廠步槍退修之原因係提高品質屬行嚴格檢驗過程技術嘗試之頓挫〉，〈兵工生產（一）〉，《國府檔案》，國史館藏，典藏號：001－073100－0001，入藏登錄號：001000005730A，1935 年 12 月 18 日，001073100001101a－001073100001103a。

〔註165〕第二檔案館藏，二檔七七四 3090 卷，〈楊繼曾擬具各廠不得補用開革解僱工人辦法給俞大維簽呈〉，1936 年 11 月，中國近代兵器工業檔案史料編委會編，《中國近代兵器工業檔案史料》，冊 3，頁 814。

三、兵工廠的工潮

（一）北伐後的兵工廠工潮

此處所稱工潮，乃工人運動的泛稱。民初正值中國工業發展初期，任何罷工、失業等問題，均足以造成社會不安，影響工業成長。兵工廠由於與國防直接相關，其工潮更是動見觀瞻。茲將北伐後國府轄下兵工廠主要工潮列整理如下。

表 23：1929～1937 年國府轄下兵工廠主要工潮一覽表

發生時間	兵工廠	經　　過
1929	鞏縣兵工廠	廠長剋扣工資，中共人員在臺眾中醞釀，選舉代表，包圍工務處，甚至綑綁廠長，迫其發給工資。
1931	漢陽兵工廠	武漢大水，水退復工後發生工潮、毆傷主任情事；後停工整理，淘汰不良份子。1932.5 復工。
1931 年底	鞏縣兵工廠	廠長以為母祝壽名義，透過主任、工頭等要扣工人兩天工資。共黨份子印製宣傳品，工人停工，吳取消祝壽事宜。
1931.12	鞏縣兵工廠	工人為爭取年終雙薪，反對廠長職員私分紅利，兩度舉行罷工，砸開軍械庫，包圍工頭，衝擊廠長辦公室，廠方答應工人條件。
1933.6	濟南兵工廠	軍政部擬將濟南兵工廠製造棉藥機器遷往漢陽火藥廠，工人擔心失業而罷工。山東省主席韓復榘以共黨潛伏，工人暴動為由，要求改任廠長，國府決議由韓接辦濟南兵工廠，但旋因款難，於 1934.5 交還中央。1934.6 製藥廠停辦，137 名工人資遣。

資料來源：〈漢陽兵工廠五月一日復工 代表請願結果〉，《中央日報》，1932 年 4 月 25 日，版 3；〈兵工生產（一）〉，《國府檔案》，國史館藏，典藏號：001－073100－0001，入藏登錄號：001000005730A，〈漢陽兵工廠整理計畫摘要報告〉，1934 年 6 月 8 日，001073100001022a；河南省總工會編，《河南工運大事記（1897～1992）》，頁 60；全國人民政治協商會議鞏縣委員會文史資料研究委員會編，《鞏縣文史資料》，輯 2，頁 27～28；中國近代兵器工業編審委員會編，《中國近代兵器工業——清末與民國的兵器工業》，頁 152；中國近代兵器工業檔案史料編委會編，《中國近代兵器工業檔案史料》，冊 3，頁 1174～1175。

　　表 23 所列 5 次工潮，3 次發生在鞏縣兵工廠，1 次在濟南兵工廠，兩者都是北伐結束後納入國府直轄的兵工廠；工潮原因多導因於工人權益與管理問題，而管理問題又常牽涉到廠方與工人兩者的互動不良、行為過激，如鞏縣、漢陽兵工廠的工潮，都朝暴烈的走向發展，而廠方也以強硬手段回應。中共介入的工潮，記載的有 4 次，足見兵工廠工人由於角色功能的特殊性，以及與軍事直接相關，遂成為中共滲透的目標。民國 19 年（1930）6 月上海兵工廠為因應中原大戰增產，過程中發生爆炸，死傷慘重，共黨便欲造謠生事。〔註 166〕因國府防範嚴密，未能得逞。但相對於上海、南京等國府統治核心地區，遠離中樞的兵工廠，就成為中共積極滲透的目標。

　　早在民國 16 年（1927）7 月，中共豫西特別委員會便指出，發展工運應注意鞏縣兵工廠的工人。〔註 167〕而河南省委對於鞏縣兵工廠也極為重視。民國 17 年（1928）3 月起，中共黨員陸續冒名考進廠內擔任工人，〔註 168〕除發展組織外，並煽動工人離廠前往共軍修械所工作。〔註 169〕在中共河南省委直接領導下，鞏廠支部積極活躍，獲得一定成效。〔註 170〕至於山東濟南兵工廠工潮，共黨亦潛伏其間，伺機而動。〔註 171〕

（二）國府對兵工廠工潮的回應

1、加強對工人的管控

　　國府管控兵工廠工人的主要優先手段，是限制其自組工會，民國 19 年

〔註 166〕〈關於援助兵工廠慘案死難工友的緊急通知〉，1930 年 6 月 4 日，上海市檔案館編，《上海工會聯合會》（上海：檔案出版社，1989 年），頁 397～398。

〔註 167〕〈河南省鞏縣孝義兵工廠黨組織活動情形〉，全國人民政治協商會議鞏縣委員會文史資料研究委員會編，《鞏縣文史資料》，輯 2，頁 5。

〔註 168〕鞏縣總工會編，〈鞏縣孝義兵工廠的工人活動〉，中國人民政治協商會議河南省鄭州市委員會文史資料研究委員會編，《鄭州文史資料》，輯 3（鄭州：同編者，1987 年），頁 91～92。

〔註 169〕孟喜中口述，〈關於洛陽辦事處情況的回憶〉，全國人民政治協商會議鞏縣委員會文史資料研究委員會編，《鞏縣文史資料》，輯 2，頁 36。

〔註 170〕〈河南省鞏縣孝義兵工廠黨組織活動情形〉，全國人民政治協商會議鞏縣委員會文史資料研究委員會編，《鞏縣文史資料》，輯 2，頁 7。

〔註 171〕〈陳儀電蔣中正陳濟南兵工廠工人滋事並派蔣紹昌劉守愚赴濟南澈查並詢可否由韓復榘接辦中央再全力發展漢陽兵工廠〉，〈一般資料──民國二十二年（二十四）〉，《蔣檔》，國史館藏，典藏號：002－080200－00094－128，入藏登錄號：002000001483A，1933 年 6 月 7 日，0020802000094128001a－002080200094128005a。

（1930）6月6日公布〈工會法施行法〉，規定軍事工業之職員及雇用員役不得組工會，原有工會的存在亦失去法律依據。〔註172〕取而代之的是由上層授意組織的員工自治會，如民國25年（1936）金陵兵工廠的職工自治會。〔註173〕兵工署同年接收廣東兵工廠，亦不承認其原先的工人聯合會，並組織職工自治會以代之。〔註174〕藉此壓抑了工人對管理方衝突抗爭的可能性與力道。

廠方並對罷工者施以法律約束。依據〈工廠法〉，工人以暴力妨礙廠務進行或損毀器物，依刑法最高刑度處斷；以強暴脅迫使他人罷工時，得立即開除並送官署懲辦。〔註175〕鞏縣兵工廠民國20年（1931）雙薪工潮後，開除部分工人以儆效尤。〔註176〕漢陽兵工廠積習過深，欲事整理非從人事著手不可，而廠長鄭家俊更曾遭工人以危害其生命恫嚇，〔註177〕並為此革除搞亂成性及品性不端之員工數名，以正風氣。〔註178〕可見廠方對於工人運動問題，是逐漸改採強勢處置、分而治之的態度與做法。

2、肅清中共勢力

前述中共潛伏最為嚴重的鞏縣兵工廠，廠方透過策反內部人員瓦解破壞，民國21年（1932）7月6日，支部負責人張少珍被捕處決。〔註179〕廠方為對抗中共滲透，並於民國25年（1936）由警備大隊長簡立發展一批

〔註172〕《國府公報》，489號，頁1、2；劉明逵、唐玉良，《中國工人運動史》，第4卷（廣州：廣東人民出版社，1998年），頁69～73。

〔註173〕陳長河，〈金陵機器局始末〉，江蘇省政協文史資料委員會、江蘇省國防科學技術工作辦公室編，《江蘇近代兵工史略》，頁32。

〔註174〕白海東，〈廣東兵工廠的「工人聯合會」〉，廣東省國防科技工業辦公室、軍工史資料徵集辦公室編，《廣東軍工史料1840～1949》，頁145～149。

〔註175〕《國府公報》，期370，頁1～8；期371，頁1～3。

〔註176〕〈河南省鞏縣孝義兵工廠黨組織活動情形〉，全國人民政治協商會議鞏縣委員會文史資料研究委員會編，《鞏縣文史資料》，輯2，頁3、11。

〔註177〕〈復陳漢廠步槍退修之原因係提高品質屬行嚴格檢驗過程技術嘗試之顛挫〉，〈兵工生產（一）〉，《國府檔案》，國史館藏，典藏號：001－073100－0001，入藏登錄號：001000005730A，1935年12月18日，0010731000011101a－001073100001103a。

〔註178〕〈漢陽兵工廠整理計畫摘要報告〉，〈兵工生產（一）〉，《國府檔案》，國史館藏，典藏號：001－073100－0001，入藏登錄號：001000005730A，1934年6月8日，0010731000001022a。

〔註179〕鞏縣總工會編，〈鞏縣孝義兵工廠的工人活動〉，中國人民政治協商會議河南省鄭州市委員會文史資料研究委員會編，《鄭州文史資料》，輯3，頁90～91。

國民黨員。〔註180〕此後鞏縣兵工廠的安定局面遂得維持，不再發生工潮。

3、調整廠長以為因應

民初由於軍閥混戰，部分兵工廠廠長調換頻繁，以鞏縣兵工廠為例，根據非正式統計，民國元年至 26 年（1912～1937）先後擔任廠長者有 15 人，調任 18 次。〔註181〕管理階層多缺乏專業，採取高壓管理，導致工人離心嚴重。前述發生工潮的兵工廠，兵工署對於繼任廠長者都更為審慎挑選，並穩定就職。前文提到的鞏縣兵工廠長毛毅可、濟南兵工廠長劉守愚、漢陽兵工廠長鄭家俊，專業經驗豐富，任期都在 2 年以上，廠務遂得穩定發展。

小結

由兵工技術人員的屬性，可知國府賦予兵工署及成員專業取向相當重的角色，對兵工生產也就有積極改進、持續研發的要求與任務，而非只是單純的生產械彈與維持兵工廠運作而已。其留學背景、互相推薦認同之人際網絡，及固定舉辦黨政宣導活動等，都成為其彼此認同與羣聚於兵工體系的基礎。

綜合學經歷的探討，擔任署長、廠長等領導職位的考量條件轉變，九一八事變實為重要的分水嶺，此後兵工專業素養成為任職的優先考量，軍政人員充任管理職位的情形減少。四位署長扮演的角色各有不同，但基本方針是承接的，到民國 26 年（1937）已經將兵工署初成立時的一些構想如經濟性、工廠管理、武器制式化等加以落實。廠長是否稱職，與兵工廠的生產與人員管理有著相當密切的關連，但廠長資格不能只看專業背景，工廠實務與管理經驗也十分重要。與兵工署初成立時相較，抗戰前各廠的負責人整體表現已相當稱職且管理得當。

兵工體系內的非技術人員、軍械庫員與警衛隊，均各自扮演相當重要的支援性質角色。兵工署對於外籍顧問的運用較清末與地方軍政勢力更為謹慎，不由其主導業務，定位為提供專業技術與經驗傳承的角色，以免持續耗費金錢又受制於外人，但因時空背景轉變，以及如廣東第二兵器製造廠當初規畫不當的例子，致使某些計畫後續成效不佳。

〔註180〕〈河南省鞏縣孝義兵工廠黨組織活動情形〉，全國人民政治協商會議鞏縣委員會文史資料研究委員會編，《鞏縣文史資料》，輯 2，頁 4。

〔註181〕〈河南省鞏縣孝義兵工廠黨組織活動情形〉，全國人民政治協商會議鞏縣委員會文史資料研究委員會編，《鞏縣文史資料》，輯 2，頁 4。

　　工人管理方面，從限制成立工會來看，國府方面自始便採取較為強勢的立場，並明定工作與權益規定，改用合理工制，並輔以福利制度，將管理逐步落實到細節部份。抗戰前兵工廠工潮的發生原因，多和工人權益、管理問題，以及廠方和工人互動不良有關，中共人員從中煽動，也造成若干影響；而在加強廠長的派任與管理措施後，工潮遂逐漸減少。

第五章　結　論

　　我國軍火生產中央行政管理機構的沿革，是自晚清陸軍部軍械司成立開始。民國成立後，北洋政府於陸軍部下成立軍械司，爲我國軍火生產的中央層級行政管理機構，但因直轄廠數少、全國動盪、財政困難、層級不高等因素，而未能充分發揮職能；袁世凱時期的兵工督辦處在層級與職能安排上雖較爲務實，但於袁稱帝失敗後裁撤。所以在北洋時期，全國性軍火生產缺少有效合理之規畫，效能不彰。國府有鑑於此，綜合北伐前後與接收上海兵工廠之經驗，民國 17 年（1928）於軍政部成立兵工署，作爲統理全國兵工及相關建設事宜之技術機關，地位提升且較具獨立性，利於職能發揮；國府並希望藉由成立兵工署，將地方兵工廠逐步納入中央直轄，以免再次成爲全國割據的亂源。

　　兵工署的組織架構，最初規畫只有 4 個科，由於規模較小且扁平化，以致分工安排不盡理想，應屬組織初創時期的便宜作法。民國 22 年（1933）第一次改組後，設立署本部及資源、行政、技術 3 司，其下再分設各科、股、處等機構，可看出其依照不同工作性質分層分工的設計，較創立時期的組織設置已有改進。民國 24 年（1935）起因應國府整體組織調整進行第 2 次改組，將資源司分出併入資源委員會，並納入軍械司作爲外勤部門，使兵工署組織安排更爲合理，職能涵蓋更爲全面，有利國府的整軍備戰。兩次改組的間隔雖然相當緊湊，但因其處於持續調整修正的過程，故並未停滯署務運作；而透過這兩次改組，使其組織與職能愈趨合理完備。

　　兵工署自成立到民國 26 年（1937）間，所轄廠數持續增加，並對各廠進行整頓，獲得一定成效。對兵工廠的管轄模式，由北伐時期大廠兼管小廠的

制度，逐漸調整爲各廠分別直屬於兵工署，以落實隸屬關係與管轄責任；並藉中原大戰、廣東回歸中央等契機，增加所轄廠數，到抗戰前已有 9 座主要兵工廠與材料廠直屬兵工署，大幅增加國府兵工生產實力。足見兵工署有別於北洋政府陸軍部軍械司，眞正具備中央行政主管單位的職能。但從濟南兵工廠短暫交由韓復榘接管事件，可知國府在直轄兵工廠的過程中，經濟困難的問題始終存在，並影響其決心與作爲。而地方勢力如晉軍、桂系、川軍等爲保存實力，對其自身兵工廠多不願放手，也是兵工署所轄廠數難以再增加的主要原因。

軍械庫在國防上，有存儲械彈、支應軍事需求等重要功用。相較於兵工廠的管轄與整頓過程，國府較晚才對軍械庫投入應有的重視，而管理事權不一，設置考量偏重國內短期軍事行動，加上軍械司較晚併入兵工署，新庫整建又進度延宕，導致國府未能在軍械庫的部分，針對日本威脅及早進行規劃，殊爲可惜。

人才單位方面，兵工委員會自民國 17 年（1928）成立，專任兵器器材之改良進步及調查各國兵工狀況，並以此匯集國內專業人才。歷任署長陸續任用多名兵工委員，人數與整體素質均逐漸提升，專長並涵蓋各個項目；委員分任兵器器材調查、研究、試驗、選用及新兵器發明等工作，並以其中優異者出任兵工署及各廠要職，以及建廠、驗收等重要任務。在主事者的重視與主導下，其集合專門技術人員的作用十分顯著，爲兵工署重要的人才庫，也是其注重專業的象徵。兵工專門學校沿襲自北洋時期的設置，從遷校南京、增設專科班擴大招生、以公費和實習規定吸引素質較佳學生報考等做法，都顯示兵工署對其重視的程度，以及希望藉此精進兵工技術人員質量的企圖。但從其招生與畢業人數均少，和兵工技術委員會一樣都有菁英化的傾向，對於兵工署與各廠的人力需求是否能夠充實，以及是否合乎時間與經濟的成本效益，仍待商榷。

人事管理方面，兵工署透過相關法規的制定，宣示兵工技術人員於兵工體系的主體性與特殊地位，並給予較佳待遇；以專業爲本，不特別強調黨政特性，以吸引更多專業人員加入。分析兵工技術人員的學歷背景，發現相似背景者如同濟大學畢業與留學德國者，彼此間有緊密的聯繫性，這些人員的任職雖和國府當時與德國進行軍事交流有關，也和這兩種背景者的羣聚效應不無關係，但就兵工委員的學經歷分析之，留美者有後來居上之勢，且兩派

人士的專長類型有所不同，留德者以機械、工業、彈道等專長爲主，留美者則主要擅長化學與基礎科學。故兵工署並非全面性的重用留德人士，而是以專長與實際需求來決定適用的人選。

兵工體系的管理者方面，四位署長對兵工署的基本方針是承接的，並在民國 26 年（1937）將兵工署初成立時的經濟性、整頓直轄各廠、武器制式化、完善人事管理等構想加以落實。歷任兵工廠長中，其整體素質如學經歷、管理能力、經驗與從業態度等均逐漸進步，鼓勵各廠以生產結餘經費養廠，並透過改進制度、加強管理、增進福利等方式改善廠務。與兵工署初成立時相較，抗戰前各廠的廠長，整體而言均能表現稱職且管理得當。而上級職員如署長、各司科負責人及兵工委員的學經歷，留學外國的比例頗高，此乃因爲當時國內高等教育仍在發展，缺少能教育製造現代兵器所需技術與知能的相關院校，而兵工學校仍在起步階段，規模亦小，故這批的留學德、美等國的專業人士，遂於兵工署的人才主義與專業考量下，在中國近代兵器工業發展上有特殊的地位。署長、廠長、兵工委員等重要人事安排，專業背景及能力的考量，逐漸提升到優先順位，使擔任者逐漸擺脫政府機關常見的官員取向身分，**轉變爲兵工專業人才**。

兵工體系其他成員方面，軍械庫人員由於任務及出身，軍人背景與色彩較重，爲輔助性質工作人員，但因關係到產品存儲，也成爲兵工生產重要的一環，兵工署與各廠對其著墨頗深。外籍顧問由兵工署聘請來華，來源涵蓋各國，與一般認知多來自於德國有所出入；但兵工署對此採取低調保密的態度，將之定位爲提供專業技術與經驗傳承的角色，不使其主導業務，以免持續耗費金錢又受制於外人，整體運用上較清末與地方軍政勢力更爲謹慎得當。

兵工廠管理方面，自北伐以來曾陸續發生工潮問題，但從限制工人自組工會及賦予兵工、黨政性質等來看，國府方面自始便對工人管理採取較爲強勢的立場，明定責任與權益規定，改用合理工制，並輔以福利制度，將管理逐步落實到細節部份。抗戰以前兵工廠工潮發生的主要原因，多和工人權益、管理問題，以及廠方和工人互動不良有關，中共人員從中煽動，也造成若干影響；在調整廠長與強化管理措施後，工潮逐漸減少。

總結民國 17～26 年（1928～1937）兵工署的成立與發展，其深層意義在於軍火生產中央化的重要宣示，以及國府安內攘外政策的具體象徵。故在組織方面，由中央政府透過兵工署直轄各兵工廠及相關機構，使其脫離地方勢

力掌控，成爲國府重要政策；並藉由兵工廠生產效能的提升，軍械庫增加軍火戰備儲存，人才單位如兵工委員會、兵工學校持續匯集培訓優秀專業人才，互相搭配以擴大整軍備戰效能。人事方面，則透過對兵工技術人員的重視，樹立專業導向風氣；並藉由有效的管理，讓上自署長，下至工人的所有兵工體系成員，能夠人盡其才，增進兵工生產效益。

綜合兵工署對各兵工廠的管轄情形、廠長人事與工廠管理，可用重大戰役作爲分期標準，探討國府與兵工署對於抗戰前兵工廠定位的轉變。北伐後到中原會戰期間的兵工廠，其定位較偏向單純的軍火生產機構，國府及兵工署以盡可能接收地方勢力兵工廠爲重要目標，而各廠均逐漸納入兵工署直轄的體系，則強調兵工廠必須中央化，亦即不再沿用任憑軍政勢力擁廠自重的做法。中原大戰結束到九一八事變間，兵工署已經開始對條件較差者加以整理，必要時整併甚至停辦，而非任其繼續勉強運作；其定位則從前階段以持有多座兵工廠爲優先的做法，進展到由上而下進行評估與整併的階段。九一八事變後到抗戰前，兵工署對轄下兵工廠除持續進行必要整理外，透過諸多管理與經營措施，如降低單價以增加產量、鼓勵以結餘經費養廠、落實工廠管理、增進職工福利等做法，增加工廠產能，提高職工福利與向心力；此階段對兵工廠的定位，除延續先前的管轄與由上而下支配外，透過對廠長相當程度的授權，促使其對廠務進行主動規劃，從而帶動整體生產成效。如此三個階段的不同定位，可說是抗戰前兵工署所轄兵工廠的特色之一。

兵工署爲因應時局演變，在組織與人事上做出適當規劃與調整，終能在日本入侵的陰影下持續進展，擴大其職能發揮，成爲國府整體國防規劃的重點所在。抗戰爆發後，日本首相阿部信行曾指出，整理軍備爲戰前中國不可輕忽的大事。〔註1〕而兵工署的組織與人事調整得宜，職能因而充分發揮，使國府的整軍備戰得以順利進行，可說扮演著極爲重要的角色。

〔註1〕 張其昀，《黨史概要》，冊2（臺北：中央改造委員會文物供應社，1951年），頁 1059～1060。

徵引文獻

一、國史館檔案

（一）國府檔案

1. 〈國防部組織法令案（一）〉，入藏登錄號：001000001167A，1928 年 11 月 9 日～1929 年 7 月 17 日。

2. 〈國防部組織法令案（二）〉，入藏登錄號：001000001168A，1929 年 7 月 20 日～1936 年 3 月 17 日。

3. 〈國防部組織法令案（四）〉，入藏登錄號：001000001170A，1935 年 10 月 30 日～1937 年 8 月 20 日。

4. 〈國防部組織法令案（五）〉，入藏登錄號：001000001171A，1937 年 9 月 1 日～1940 年 9 月 4 日。

5. 〈上海兵工廠工潮〉，入藏登錄號：001000005736A，1927 年 10 月 25 日～1927 年 11 月 3 日。

6. 〈中國國民黨四屆二中全會軍政案（一）〉，入藏登錄號：001000005508A，1932 年 3 月 11 日～1932 年 5 月 12 日。

7. 〈國民會議政治總報告（一）〉，入藏登錄號：001000000087A，1931 年 5 月 30 日。

8. 〈兵工專門學校組織法令案〉，入藏登錄號：001000001204A，1934 年 8 月 22 日～1937 年 7 月 21 日。

9. 〈兵工生產（一）〉，入藏登錄號：001000005730A，1934 年 6 月 8 日～1936 年 12 月 20 日。

10. 〈軍事機關官員任用法令案〉，入藏登錄號：001000000606A，1933 年 8 月 15 日～1943 年 10 月 29 日。

11. 〈陸軍服裝條例（四）〉，入藏登錄號：001000001576A，1935 年 12 月 19 日～1941 年 4 月 18 日。

12. 〈兵工會計試行規則案〉，入藏登錄號：001000000789A，1933 年 8 月 16 日～1934 年 5 月 3 日。

（二）蔣中正總統文物檔案

1. 〈籌筆——北伐時期（七）〉，入藏登錄號：002000000007A，1927 年 4 月 4 日～1927 年 4 月 30 日。

2. 〈籌筆——統一時期（二十七）〉，入藏登錄號：002000000043A，1930 年 4 月 5 日～1930 年 4 月 30 日。

3. 〈籌筆——統一時期（一七七）〉，入藏登錄號：002000000193A，1937 年 6 月 16 日～1937 年 7 月 8 日。

4. 〈一般資料——民國十五年（十）〉，入藏登錄號：002000001399A，1926 年 11 月 13 日～1926 年 11 月 29 日。

5. 〈一般資料——民國二十二年（二）〉，入藏登錄號：002000001461A，1933 年 3 月 2 日～1933 年 3 月 15 日。

6. 〈一般資料——民國二十二年（十）〉，入藏登錄號 002000001469A，1933 年 4 月 26 日～1933 年 4 月 29 日。

7. 〈一般資料——民國二十二年（十七）〉，入藏登錄號：002000001476A，1933 年 5 月 5 日～1933 年 5 月 19 日。

8. 〈一般資料——民國二十二年（二十四）〉，入藏登錄號：002000001483A，1933 年 6 月 5 日～1933 年 6 月 7 日。

9. 〈一般資料——民國二十二年（三十六）〉，入藏登錄號：002000001495A，1933 年 7 月 10 日～1933 年 7 月 23 日。

10. 〈一般資料——民國二十二年（四十五）〉，入藏登錄號：002000001504A，1933 年 8 月 19 日～1933 年 8 月 24 日。

11. 〈一般資料——民國二十三年（十九）〉，入藏登錄號：002000001550A，1934 年 4 月 17 日～1934 年 4 月 23 日。

12. 〈一般資料——民國二十三年（二十）〉，入藏登錄號：002000001551A，1934 年 4 月 23 日～1934 年 4 月 30 日。

13. 〈一般資料——民國二十三年（二十一）〉，入藏登錄號：002000001552A，1934 年 4 月 30 日～1934 年 5 月 9 日。

14. 〈一般資料——呈表彙集（四十三）〉，入藏登錄號：002000001859A，1936 年 4 月 1 日～1936 年 5 月 15 日。

15. 〈一般資料——呈表彙集（四十九）〉，入藏登錄號：002000001865A，1936 年 9 月 1 日～1936 年 9 月 24 日。

16. 〈一般資料——呈表彙集（五十八）〉，入藏登錄號：002000001874A，1937年 7 月 1 日～1937 年 7 月 31 日。

17. 〈一般資料——手稿錄底（二十四）〉，入藏登錄號：002000001808A，1936年 3 月 2 日～1936 年 3 月 31 日。

18. 〈事略稿本——民國二十四年七月〉，入藏登錄號：002000000578A，1935年 7 月 1 日～1935 年 9 月 25 日。

19. 〈事略稿本——民國二十六年三至六月〉，入藏登錄號：002000000603A，1937 年 3 月 1 日～1937 年 6 月 30 日。

20. 〈鞏固國防（六）〉，入藏登錄號：002000002077A，1935 年 2 月 4 日～1936年 6 月 22 日。

21. 〈敉平石唐叛變（三）〉，入藏登錄號：002000002071A，1931 年 8 月 27日～1937 年 12 月 12 日。

22. 〈革命文獻——國防設施（二）〉，入藏登錄號：002000000344A，1921 年7 月 8 日～1937 年 6 月 14 日。

23. 〈陸軍後勤（一）〉，《蔣中正總統文物》，入藏登錄號：002000001077A，1935 年～1937 年 11 月 11 日。

（三）軍事委員會委員長侍從室資料

典藏號 129000017746A，〈邢導〉；129000016979A，〈周志宏〉；
129000017322A，〈朱驥〉；129000034396A，〈丁天雄〉；
129000003235A，〈梁強〉；129000001923A，〈趙學顏〉；
129000044224A，〈汪瀏〉；129000014607A，〈劉楚材〉；
129000099323A，〈江杓〉；129000017297A，〈楊子嘉〉；
129000098314A，〈陳儀〉；129000035149A，〈李世瓊〉；
129000025922A，〈莊權〉；129000016875A，〈鄭家俊〉；
129000036118A，〈洪中〉；129000098389A，〈陳世鴻〉；
129000002019A，〈高孔時〉；129000101456A，〈陳哲生〉；
129000001983A，〈張郁嵐〉；129000040951A，〈方兆鎬〉；
29000030052A，〈王承猷〉；129000108158A，〈華乾吉〉；
129000017765A，〈林大中〉；129000007749A，〈賓步程〉；
129000002019A，〈高孔時〉；129000047484A，〈壽昌田〉；
129000101458A，〈萬斯選〉；129000099046A，〈方光圻〉；
129000050898A，〈鄧演存〉；129000046322A，〈黃公柱〉；
129000018077A，〈李承幹〉；129000000140A，〈宋邦榮〉；
129000107838A，〈朱文伯〉。

二、公報

1. 《臨時政府公報》，1912。

2. 《政府公報》，1912～1927 年。

3. 《軍政府公報》，1917 年。

4. 《海陸軍大元帥大本營公報》，1924～1925 年。

5. 《國民政府公報》，1927～1937 年。

三、報紙

1. 《中央日報》1927～1936 年。

2. 《天津益世報》，1932 年。

3. 《盛京時報》1928～1931 年。

4. 天津《大公報》，1930 年～1937 年。

四、史料彙編

1. 中國近代兵器工業檔案史料編委會編，《中國近代兵器工業檔案史料》，冊 1、2、3。北京：兵器工業出版社，1993 年。

2. 張俠編，《北洋陸軍史料》。天津：天津人民出版社，1987 年。

3. 陸軍部編，《陸軍行政紀要》，民國五年版。臺北：文海出版社，1971 年。

4. 陸軍部編，《陸軍行政紀要》，民國九年版。臺北：文海出版社，1971 年。

5. 廣東革命歷史博物館編，《黃埔軍校史料（1924～1927)》。廣東：廣東人民出版社，1982 年。

6. 黃嘉謨編，《白崇禧將軍北伐史料》。臺北：中央研究院近代史研究所，1994 年。

7. 聯勤總部生產署四週年紀念刊編委會編，《聯勤總部生產署四週年紀念刊》。臺北：聯勤總部，1959 年。

8. 孫毓棠，《中國近代工業史資料》。臺北：文海出版社，1979 年。

9. 魏允恭，《江南製造局記》，卷 4。臺北：文海出版社，1969 年。

10. 中國人民政治協商會議全國委員會文史資料委員會編，《文史資料存稿選編》，冊 18（北京：中國文史出版社，2002 年）。

11. 廣東省國防科技工業辦公室、軍工史資料徵集辦公室編，《廣東軍工史料 1840～1949》。廣州市：廣東省國防科技工業辦公室，1990 年。

12. 中華全國總工會中國工人運動史研究室編，《中國工運史料》，期 26。北京：工人出版社，1984 年。

13. 周美華編,《國民政府軍政組織史料》,冊1。臺北:國史館,1996年。

五、回憶錄、口述訪談、文集、傳記

1. 國防部史政編譯局編,《俞大維先生年譜資料初編》。臺北:國防部史政編譯局,1996年。

2. 國防部史政編譯局編,《俞資政維公九秩晉五華誕紀念文集》。臺北:國防部史政編譯局,1990年,頁62~63。

3. 傳記文學社民國人物小傳編輯委員會編,《民國人物小傳(二二一)——俞大維》,《傳記文學》,卷36期2。1980年2月,頁140。

4. 歐振華,《北伐行軍日記》。臺北:文海出版社,1977年。

5. 李宗仁口述、唐德剛撰寫,《李宗仁回憶錄》,上冊。臺北:曉園出版社,1989年。

6. 白崇禧口述,郭廷以校閱,賈廷詩、馬天綱、陳三井、陳存恭訪問,《白崇禧先生訪問記錄》,上冊。臺北:中央研究院近代史研究所,1984年。

7. 張玉法、陳存恭訪問,劉安祺口述,黃銘明記錄,《劉安祺先生訪問記錄》。臺北:中央研究院近代史研究所,1991年。

8. 簡又文,《西北從軍記》,上冊。臺北:傳記文學出版社,1982年。

9. 李元平,《俞大維傳》。臺中:臺灣日報出版社,1992年。

10. 馬超俊口述,郭廷以、王聿均訪問,劉鳳翰記錄,《馬超俊先生訪談紀錄》(臺北:中央研究院近代史研究所,1992年)。

11. 張羣口述,陳香梅筆記,《張羣先生話往事》(北京:中國友誼出版公司,1992年)。

12. 周至柔,〈北伐追憶〉,國防部史政編譯局編,《北伐統一五十週年紀念特刊》(臺北:國防部史政編譯局,1978年)。

13. 鄭洪泉,〈國寶‧功臣——抗戰時期戰鬥在兵工戰線上的李承幹〉,《紅岩春秋》,5月號(2005年),頁23~31。

14. 〈江杓先生行述〉,國史館編,《國史館現藏民國人物傳記史料彙編》,輯16(臺北:國史館,1998年),頁28~31。

15. 〈劉楚材先生事略〉,國史館編,《國史館現藏民國人物傳記史料彙編》,輯17(臺北:國史館,1998年),頁504~506。

16. 閻寶海,〈楊宇霆先生墓碑銘〉,國史館編,《國史館現藏民國人物傳記史料彙編》,輯24(臺北:國史館,2001年),頁453~454。

17. 崔雲清,〈兵工學校的兩位兵工人物——方光圻、呂則仁〉,《傳記文學》,卷68期3(1996年3月),頁114~123。

18. 酈民興，〈酈堃厚先生行誼〉，國史館編，《國史館現藏民國人物傳記史料彙編》，輯 2（臺北：國史館，1989 年），頁 580～581。

19. 吳湘纕，《民國百人傳》，冊 4。臺北：傳記文學出版社，1979 年，頁 73～95。

20. 王成斌主編，《民國高級將領列傳》，冊 7。北京：解放軍出版社，1993 年，頁 346～360。

21. 楊繼曾，《楊繼曾九十回憶錄》。自行出版，1987 年。

六、專書

1. 王國強，《中國兵工製造業發展史》。臺北：黎明文化事業股份有限公司，1987 年。

2. 中國近代兵器工業編審委員會編，《中國近代兵器工業：清末至民國的兵器工業》。北京：國防工業出版社，1998 年。

3. 劉鳳翰，《戰前的陸軍整編：附九一八事變前後的東北軍》。臺北：國防部史政編譯室，2002 年。

4. 滕昕雲，《鐵血軍魂——第一部：蓄勢待發——抗戰前期國民革命軍德志新式中央軍之整建》。臺北：老戰友工作室，2005 年。

5. 傅寶眞，《德籍軍事顧問與抗戰前的中德合作及對軍事的貢獻》。臺北：臺灣民生出版社，1998 年。

6. 王正華，《抗戰時期外國對華軍事援助》。臺北：環球出版社，1987 年。

7. 陳志讓，《軍紳政權》。桂林：廣西師範大學出版社，2008 年。

8. 切列潘諾夫著，中國社會科學院近代史研究所翻譯室譯，《中國國民革命軍的北伐：一個駐華軍事顧問的札記》。北京：中國社會科學院近代史研究所，1981 年。

9. 劉維開，《國難期間應變圖存問題之研究——從九一八到七七》。臺北：國史館，1995 年。

10. 劉馥著，梅寅生譯，《中國現代軍事史（1924～1949）》。臺北：東大圖書公司，1986 年。

11. 何應欽，《何上將（應欽）抗戰期間軍事報告》。南京：國防部，1948 年。

12. 曾祥穎，《中國近代兵工史》。重慶：重慶出版社，2008 年。

13. 國民革命建軍史編纂委員會撰述，朱瑞月編，《國民革命建軍史》，部 2。臺北：國防部史政編譯局，1992 年。

14. 吳振漢，《國民政府的地方派系意識》。臺北：文史哲出版社，2002 年。

15. 陳進金，《地方實力派與中原大戰》。臺北：國史館，2002 年。

16. 劉大鈞，《上海工業化研究》。上海：商務印書館，1940 年。

17. 胡孝勇總編,《聯勤創制五十五週年專輯》。臺北:聯勤總部,2001 年。

18. 王鐵漢,《東北軍事史略》。臺北:傳記文學出版社,1982 年。

19. 陳存恭,《列強對中國的軍火禁運》。臺北:中央研究院近代史研究所,1983 年。

20. 上海市檔案館編,《上海工會聯合會》。上海:檔案出版社,1989 年。

21. 江蘇省政協文史資料委員會、江蘇省國防科學技術工作辦公室編,《江蘇近代兵工史略》。南京:江蘇文史資料編輯部,1989 年。

22. 劉明逵、唐玉良,《中國工人運動史》,卷 4。廣州:廣東人民出版社,1998 年。

23. 中國勞工運動史編纂委員會編,《中國勞工運動史》,編 2。臺北:中國勞工福利社,1959 年。

24. 張茲閩編,《中國工業》。臺北:中華文化出版事業委員會,1954 年。

25. 國防部史政編譯局編,《國軍後勤史》,冊 3。臺北:國防部史政編譯局,1989 年。

26. 謝國興,《親日衛國──黃郛》。臺北:久大文化股份有限公司,1989 年。

27. 河南省總工會編,《河南工運大事記(1897~1992)》。鄭州:河南人民出版社,1995 年。

29. 張其昀,《黨史概要》,冊 2。臺北:中央改造委員會文物供應社,1951 年。

30. 何應欽上將九五壽誕叢書編輯委員會編,《軍政十五年》。臺北:同編者,1984 年。

七、期刊

1. 《兵工季刊》,號 1(湖北:兵專同學會出版部,1930),全國圖書館文獻縮微復製中心編,《民國珍稀短刊斷刊·湖北卷》,卷 1,北京:同編者,2006 年。

2. 《兵專》,期 1,全國圖書館文獻縮微復製中心編,《民國珍稀短刊斷刊·湖北卷》,卷 1,北京:同編者,2006 年。

3. 《國聞週報》,卷 7 期 22,1930 年 6 月 9 日。

4. 中國人民政治協商會議河南省鄭州市委員會文史資料研究委員會編,《鄭州文史資料》,輯 3,鄭州:同編者,1987 年。

5. 中國兵工學會兵工史編輯部編,《兵工史料》,輯 2,北京:同編者,1984 年。

6. 全國人民政治協商會議鞏縣委員會文史資料研究委員會編,《鞏縣文史資料》,輯 7,鄭州:同編者,1990 年。

7. 全國人民政治協商會議鞏縣委員會文史資料研究委員會編，《鞏縣文史資料》，輯2，鄭州：同編者，1988年。

8. 王奐若，〈再談同濟大學〉，《傳記文學》，卷46期3（1985年3月），頁75～81。

9. 關德懋，〈關於國立同濟大學創校經過〉，《傳記文學》，卷41期4（1982年9月），頁115～116。

八、工具書

1. 郭廷以，《中華民國史事日誌》，冊1、2、3。臺北：中央研究院近代史研究所，1979、1982、1984年。

2. 存萃學社編集，周康燮主編，《中華民國史事日誌》，冊4。香港：大東圖書公司，1978年。

3. 楊家駱主編，《中華民國職官年表》。臺北：鼎文出版社，1978年。

4. 徐友春主編，《民國人物大辭典：增訂版》，下冊。石家莊：河北人民出版社，2007年。

5. 張朋園、沈懷玉，《國民政府職官年表（1925～1949）》。臺北：中央研究院近代史研究所，1987年。

九、論文

1. 陳存恭，〈民初陸軍軍火之輸入〉，《中央研究院近代史研究所集刊》，期6（1977年6月），頁237～312。

2. 王紫雲，〈抗戰時期兵工業的發展〉，《中華軍史學會會刊》，卷1（1995年），頁161～182。

3. 章慕榮，〈日本侵華時期國民政府陸軍武器裝備建設之考察〉，《抗日戰爭研究》，期1（2008年），頁48～81。

4. 陸大鉞，〈九一八事變後國民政府調整兵工事業述論〉，《抗日戰爭研究》，期2（1993年），頁102～116。

5. 羅慶生，〈抗戰前國軍的軍事改革——軍事事務革新觀點下的分析〉，《中華軍史學會會刊》，卷10（2005年4月），頁51～78。

6. 劉鳳翰，〈南京臨時政府軍事實況〉，中華民國史專題第一屆討論會論文集秘書處編。

7. 《中華民國史專題第一屆討論會論文集》，臺北：國史館（1992），頁555～591。

8. 王正華，〈北伐前國民革命軍有形戰力之評估〉，《現代中國軍事史評論》，期6（1990年4月），頁51～112。

9. 辛達謨，〈德國外交檔案中的中德關係——民國十七年（一九二八）至廿七年（一九三八）〉，《傳記文學》，卷 41 期 4（1982 年 9 月），頁 117～122。

10. 楊日旭，〈美國對華軍事情報密檔中有關我國國防工業的報告——鞏縣化武工廠情報之洩密〉，《現代中國軍事史評論》，期 7（1991 年 8 月），頁 1～15。

11. 馬文英，〈德國軍事顧問團與中德軍火貿易關係的推展〉，《中央研究院近代史研究所集刊》，卷 23（1994 年 6 月），頁 133～165。

12. 張瑞德，〈戰爭與工人文化——抗戰時期大後方工人的認同問題〉，黃克武編，《軍事組織與戰爭：第三屆國際漢學會議論文集歷史組》，臺北：中央研究院近代史研究所（2002 年），頁 243～273。

13. 張力，〈中國軍官對第一次世界大戰的觀察與省思〉，《輔仁歷史學報》，期 19，（2007 年 1 月），頁 81～117。

14. 麥勁生，〈留德科技菁英、兵工署和南京政府的軍事現代化〉，《上海大學學報》社會科學版，卷 13 期 2（2006 年 3 月），頁 100～107。

15. 朱景鵬，〈德國駐華軍事顧問團之研究（民國十七至二十七年）〉，臺北：淡江大學歐洲研究所碩士論文，1987 年。

16. 呂玲玲，〈國民政府工業政策之探討（1928～1937）〉，臺北：政治大學歷史研究所碩士論文，1993 年。

17. 郭沛一，〈迷霧中的士兵：1920 年代〉，臺北：臺灣大學歷史學研究所碩士論文，2002 年。

18. 李清江，〈抗戰時期國民政府兵工企業內遷歷史考察〉，長沙：中國人民解放軍國防科學技術大學中國近現代史碩士論文，2009 年。

19. 王安中，〈國民政府軍事工業研究〉，上海：上海大學中國近現代史博士論文，2009 年。

20. 吳斯偉，〈俞大維與國民政府的兵工建設（1933～1945）〉，長沙：國防科學技術大學中國近現代史碩士論文，2009 年。

21. 羅永明，〈德國對南京政府前期兵工事業的影響（1928～1938）〉，合肥：中國科學技術大學科學技術史博士論文，2010 年。

附錄一　1912～1927 國內主要陸軍軍火生產機構一覽表

名　稱	創辦年份	地點	民國以後主要產品業務	備　註
上海兵工廠	1865	江蘇上海	步槍、山砲、野砲、槍彈、手槍、輕機槍、迫擊砲、手提機槍、各式砲彈	日後併入兵工署
金陵兵工廠	1865	江蘇南京	槍彈、重機槍、手槍、輕機槍、手提機槍	日後併入兵工署
福建兵工廠	1869	福建福州	步槍、機槍、砲、槍彈、砲彈、無烟火藥	
蘭州製造局	1872	甘肅蘭州	步槍、機關槍、槍彈、手榴彈、黑火藥	
廣東兵工廠	1873	廣東廣州	步槍、槍彈、無烟火藥、黑火藥、輕重機槍	日後併入兵工署
濟南兵工廠	1875	山東濟南	槍彈、修械、重機槍、迫擊砲、手榴彈	日後併入兵工署
四川兵工廠	1877	四川成都	槍彈、黑火藥、重機槍、步槍、手槍、管退砲、無烟火藥、砲彈	前身爲四川機器局
大沽造船所	1880	天津	重機關槍、輕機關槍、毛瑟手槍、手榴彈	
雲南兵工廠	1884	雲南昆明	槍彈、步槍	

名　稱	創辦年份	地點	民國以後主要產品業務	備　註
漢陽兵工廠	1890	湖北漢陽	步槍、管退砲、輕重機槍、槍彈、無烟火藥、手槍、山砲、迫擊砲、手榴彈	日後併入兵工署
陝西機器製造局	1894	陝西西安	槍枝	
新疆兵工廠	1897	新疆	修械、槍彈、黑火藥	
開封兵工廠	1897	河南開封	重機關槍、手槍、槍彈	日後併入兵工署
湖北鋼藥廠	1898	湖北漢陽	無烟火藥、硝磺精強鏹水、各式炸藥	
廣西機器局	1899	廣西南寧	修械、步槍、重機關槍、手榴彈、槍彈	
太原兵工廠	1898	山西太原	修械、步槍、手榴彈、手槍、手提機槍、機槍、山砲、槍彈、砲彈	前身爲山西機器局
德縣兵工廠	1902	山東德縣	槍彈、砲彈、無烟火藥、	
黑龍江修械廠	1904	黑龍江齊齊哈爾	輕機關槍、重機關槍、步槍	
湖南兵工廠	1912	湖南長沙	修械、刀具、步槍、重機關槍、手槍、槍彈	
公府軍事處駐保定修械司	1912	河北保定	修械、手榴彈	
鞏縣兵工廠	1915	河南鞏縣	砲彈、手槍、手榴彈、手提機槍	
吉林軍械廠	1916	吉林省城	修械	
廣東汕尾製彈廠	1917	廣東海豐	槍彈、手榴彈、無烟火藥、地雷	
達縣兵工廠	1919	四川達縣	槍彈、步槍、輕機槍、迫擊砲、手榴彈	
隴南機器局	1919	甘肅天水	步槍、輕機槍、迫擊砲、槍彈、手榴彈	

名 稱	創辦年份	地點	民國以後主要產品業務	備 註
羽水兵工廠	1921	貴州羽水	單發步槍、手榴彈、復裝槍彈	
奉天兵工廠	1921	遼寧瀋陽	步槍、輕重機槍、不射炮、山砲、野砲、加農砲、榴彈砲、迫擊砲、槍彈、砲彈、無烟火藥、黃色炸藥	合併 1916 設立的奉天軍械廠
奉天迫擊砲廠	1922	遼寧瀋陽	迫擊砲及砲彈	
廣西百色修械翻彈廠	1922	廣西百色	修械、復裝槍彈	
廣西兵工廠	1922	廣西桂平	修械、步槍	
赤水兵工廠	1923	貴州赤水	步槍、衝鋒槍、重機槍、手槍、槍彈、手榴彈	
衡陽軍械局	1924	湖南衡陽	槍彈、手槍、重機槍	
沿河槍廠	1924	貴州沿河	毛瑟槍	
廣西桂平製彈廠	1924	廣西桂平	組裝及復裝子彈	
廣西藤縣製彈廠	1924	廣西藤縣	槍彈	
廣西火藥廠	1925	廣西梧州	無烟火藥、黃色炸藥	
廣西炸彈廠	1925	廣西梧州	手榴彈、地雷、迫擊砲彈、槍榴彈	
廣東兵工試驗廠	1925	廣東	迫擊砲及砲彈的改製與試驗	
貴州兵工廠	1926	貴州貴陽	步槍、槍彈、砲彈、手榴彈、地雷	
貴州白藥廠	1926	貴州貴陽	生產白藥，供貴州兵工廠製造彈藥用	
山西火藥廠	1927	山西太原	無烟火藥、黑火藥、黃色炸藥、硝銨炸藥	

資料來源：中國近代兵器工業編審委員會編，《中國近代兵器工業：清末至民國的兵
　　　　　器工業》，頁 140～142、143，151、156、159、162～163、167～168、174、
　　　　　175、178、217～227；《中國近代兵器工業檔案史料》，輯 2，頁 100、101
　　　　　～102、129、133～134；〈軍械事項〉，陸軍部編，《陸軍行政紀要》，民國
　　　　　五年版（臺北：文海出版社，1971 年），頁 143～148、150～152；孫毓棠
　　　　　編，《中國近代工業史資料》，頁 218。

附錄二 1912～1927 國內主要軍火生產單位受內戰波及情形一覽表

名　　稱	曾受內戰破壞及易手情形
上海兵工廠	（1）1913 二次革命時，南北兩軍激烈爭奪，工匠逃散，一度停工。 （2）1924 受江浙軍閥戰爭影響，再度停工。 （3）1925 在外交壓力下，宣布不作軍火生產。
金陵兵工廠	（1）1912 由臨時政府接管，後改歸北洋政府陸軍部軍械司管轄，實受江蘇督軍控制。 （2）1927 國民革命軍攻克南京，接管金陵兵工廠。
濟南兵工廠	1918 後受軍閥戰爭影響，時常停工
四川兵工廠	（1）1916 後受四川軍閥內戰影響，大量增產，成爲各方爭奪焦點，先後 17 次易土。 （2）1925 楊森撤退時縱火燒廠，機器損失達十分之六七，殘餘部分繼續被各勢力奪取或破壞。
漢陽兵工廠	（1）辛亥革命時爲革命軍和清軍爭奪焦點，遭破壞停工；後由北洋政府陸軍部接管。 （2）直皖戰爭後由吳佩孚支配。 （3）1926 吳佩孚失敗，被國民革命軍控制。
德縣兵工廠	（1）由於軍閥混戰，生產一直很不正常。 （2）1924 第二次直奉戰爭後，馮玉祥將部分機器拆運天津。 （3）1925 山東督軍張宗昌將大部分機器及員工併入山東兵工廠，停辦。

名　　稱	曾受內戰破壞及易手情形
鞏縣兵工廠	（1）正式建立後，由北洋政府直系軍閥控制。 （2）1924 吳佩孚在直奉戰爭中失敗，鞏廠先後被憨玉琨、岳維俊、張學良、馮玉祥、韓復榘等勢力爭奪控制。
開封兵工廠	（1）1913 由北洋政府河南督軍管轄。 （2）1927.6 由馮玉祥國民軍控制。
大沽造船所	（1）1913 歸海軍部管轄。 （2）1917 直系曹錕命令開始生產槍砲。 （3）1924 第二次直奉戰爭後，被奉軍占領。 （4）1925 被國民軍進駐占領。 （5）1926 被魯軍占領，運走部份設備、材料和成品。 （6）1928.6 被閻錫山部隊占領。
廣東兵工廠	（1）1912 由廣東都督接管，隸屬北洋政府，二次革命後脫離。 （2）桂系陸榮廷一度掌握廣東兵工廠。 （3）1920 陳炯明驅逐桂系，兵工廠遭桂軍爆破，製子彈機器全毀。 （4）1921 年孫中山在廣州成立大本營，該廠由大本營管轄。 （5）1922 陳炯明叛變，該廠落入陳炯明手中。 （6）1923.3 孫中山勢力驅逐陳炯明，重建大元帥府，該廠後由盤踞廣東的滇桂系勢力所掌握。 （7）1925.6 滇桂系將領被驅逐，1925.7 大元帥府改為國民政府，該廠改隸國府。
福建兵工廠	（1）1922 由援閩軍孫傳芳部占領。 （2）1926 由北伐軍第一軍何應欽部接管。
湖南兵工廠	1926 由湖南省主席唐生智控制。
廣東汕尾製彈廠	1925 陳炯明被廣東革命軍擊敗後停辦，設備由廣東兵工廠接收。
達縣兵工廠	1920 由江防軍司令余際唐控制，1921 被川陝軍劉寶善接管，1924 由川陝邊防督辦劉存厚接管。
羽水兵工廠	1924 黔軍總司令周西成接管後停辦。
廣西百色修械翻彈廠	1926 國民革命軍收編周西成後停工。

資料來源：中國近代兵器工業檔案史料編委會編，《中國近代兵器工業檔案史料》，冊
　　　　　2，頁 94～95、97；冊 3，頁 1251、1262；中國近代兵器工業編審委員會
　　　　　編，《中國近代兵器工業：清末至民國的兵器工業》，頁 142～143、162、

頁 217～227；孫毓棠編，《中國近代工業史資料》，頁 218；全國人民政治
協商會議鞏縣委員會文史資料研究委員會編，《鞏縣文史資料》，輯 2，頁
3；陳存恭，《列強對中國的軍火禁運》，頁 223。

附錄三 〈軍政部兵工署條例草案〉
（1928 年 11 月 21 日）

第一條　兵工署直隸於軍政部，掌管全國兵工及關於兵工之一切建設事宜

第二條　兵工署設左列各科會

　　　　總務科

　　　　設計科

　　　　檢驗科

　　　　監察科

　　　　兵工研究委員會

　　　　兵工材料購辦委員會

第三條　總務科職掌如左

　一　關於機密文電之擬稿事項

　二　關於典守印信及文電之散發保管事項

　三　關於本署庶務及會計事項

第四條　設計科職掌如左

　一　關於軍用槍砲彈藥之制式劃一事項

　二　關於兵器之設計及統計事項

　三　關於籌劃與兵工有關之各種建設事項

　四　關於要塞備砲事項

　五　關於兵器材料及火藥原料之分配事項

第五條　檢驗科職掌如左

　　一　關於各廠局出品之檢驗事項

　　二　關於各種材料及原料之檢驗事項

　　三　關於與兵工有關各種建設之檢驗事項

第六條　監察科職掌如左

　　一　關於各廠局出品之交付事項

　　二　關於各廠局內部之管理行政事項

　　三　關於各局廠之原料購進事項

　　四　關於各局廠廢物之變賣事項

第七條　兵工署設署長一人承軍政部長之命管理全署事務監督所屬各局廠學校

第八條　兵工署設副署長一人輔助署長處理署務

第九條　兵工研究委員會專任兵器器材之改良進步及調查各國兵工狀況

第十條　兵工研究委員會設主任委員一人專任委員兼任委員助理委員各若干人分任業務

第十一條　各兵工研究委員之職責如左

　　一　主任委員承部長署長之命主管全會事務

　　二　專任委員兼任委員分任兵器材料之調查研究試驗選用並各種新兵器之發明

　　三　助理委員受專任委員之指導實施業務

第十二條　兵工研究委員會爲技術上之參考起見得聘請外國顧問或技師及本國科學專家協助業務

第十三條　兵工材料購辦委員會專任兵器器材及兵工原料之購辦事宜

第十四條　兵工材料購辦委員會委員設主任委員一人委員若干人由軍政部長在本部內各職員中指定之

第十五條　兵工署編制依附表所定

第十六條　本條例如有未盡事宜得由軍政部長隨時修正呈請國民政府核准施行

第十七條　本條例自公布之日施行

　　資料來源：〈軍政部兵工署條例草案〉，〈國防部組織法令案（一）〉，《國府檔案》，國史館藏，典藏號：001－012071－0314，入藏登錄號：001000001167A，1928年 11 月 21 日，001012071314078a－001012071314083a。

附錄四 〈兵工署組織條例〉
（1933 年 10 月 9 日）

第一條　兵工署直屬於軍政部統一全國兵工及一切有關之兵工各項建設事宜。

第二條　兵工署設署本部及下列各司：

資源司。

行政司。

技術司。

第三條　署本部分秘書處及管理科，其職責如下：

一、有關機密及兵工文庫事項。

二、關於典守印信事項。

三、關於公文、函電之撰擬編譯、審核修正保管收發事項。

四、關於兵工官員之銓敘、考績、審核、調查、登記事項。

五、關於會計、庶務事項。

六、關於不屬於各司之事務。

第四條　資源司分原料、工業兩科，其職掌如下：

一、關於兵工原料與有關兵工之公文之調查、統計及研究事項。

二、關於工業原料之自給事項。

三、關於兵工原料代用品之研究製造事項。

四、關於工業動員之計畫與實施事項。

五、關於普通工廠製造兵器之訓練事項。

六、關於工業動員及兵工原料管理等法規之研擬事項。

第五條　行政司分事務、會計、考工、核料、購料五科，其職掌如下：
　　一、關於各附屬機構之各種組織事項。
　　二、關於各附屬機構職員之任免升調事項。
　　三、關於各工廠工人之進退及工資之統計事項。
　　四、關於各附屬機關經費之領支、預算之審查，及各廠會計制度之規定
　　　　事項。
　　五、關於各工廠工作之計畫、分配、稽核，及經費之支配、成本預算之
　　　　計算、審查成品及稽核事項。
　　六、關於各廠產業機器之調查及管理事項。
　　七、關於各種圖樣、公差、詳表及其他標準規格等之整理、領行、保管
　　　　事項。
　　八、關於材料之調查、採辦、支配、管理稽核事項。
　　九、關於工具之購置、製造、支配、管理稽核事項。
　　十、關於廢料、廢工具之稽核處分事項。
第六條　技術司分設計、理化研究、教育等三處，及彈道、步（騎工）兵器
　　　　材、砲兵（要塞）器材、運輸器材、通信器材、特種兵器器材等六
　　　　科，其職掌如下：
　　一、關於各種兵器彈藥之制式化之事項。
　　二、關於各種兵器彈藥及有關軍用器材之設計事項。
　　三、關於各種兵器、彈藥、及各種軍用器材製造之改進事項。
　　四、關於各種兵器彈藥，及各種軍用器材之檢驗、審查、研究事項。
　　五、關於各種原料，及各種軍用器材之檢驗、審查、研究事項。
　　六、關於規定兵器、彈藥之使用保管與規則事宜。
　　七、關於兵工技術人材之養成事項。
第七條　兵工署設署長一人，承軍政部長之命綜理全署事務監督所屬各機關
　　　　學校。
第八條　兵工署設參謀一人，承長官之命，辦理一切交辦及派遣連絡事務。
第九條　兵工署設主任秘書一人，秘書若干人，承長官之命掌管本署人事、
　　　　文書及檔案等事務。
第十條　兵工署設管理科科長一人，科員若干人，承長官之命掌管本署會計、
　　　　庶務等事務。

第十一條　兵工署設司長三人，承署長之命分掌各司事務。

第十二條　兵工署各司所屬各科，設科長一人，各處設處長一人，各科處設技術員、科員若干人，承長官之命，分掌各該科處事務。

第十三條　兵工署因事實上之需要，得設各種專門委員，其委員由署長聘請或指派之。

第十四條　兵工署為關於技術上之參考起見，得聘用外國顧問。

第十五條　兵工署系統及編制如附表所定。

第十六條　兵工署服務規則另定之。

第十七條　本條例如有未盡事宜，得由軍政部長隨時修正呈請國府核准實施。

第十八條　本條例自公布日期實施。

資料來源：〈據軍政部呈擬兵工署新組織草案暨兵工官佐待遇表並規定試行期間一案轉呈備案由〉，附件一，〈軍政部兵工署條例草案〉，〈國防部組織法令案（二）〉，《國府檔案》，國史館藏，典藏號：00201－0171－0315，入藏登錄號：001000001168A，1933 年 9 月 26 日～10 月 9 日，001012071315108a－001012071315113a。

附錄五 〈軍政部組織法軍政部組織法 及編制草案〉中與兵工署相關 規定（1935 年 6 月 25 日）

第十五條　兵工署署本部秘書室、參謀室、顧問室、總務處，掌左列事項：
　　一、關於兵工署機密事項；
　　二、關於兵工人員之銓敘、考績、審核、調查、登記事項；
　　三、關於本署公文書類之收發、分配、承轉、審查、翻譯、校對、編纂、
　　　　印刷、保存事項；
　　四、關於點守署印及管理本署文庫事項；
　　五、關於製造經費之領支、出納事項；
　　六、關於建設經費之審核、保管、出納事項；
　　七、關於械彈價款之保管、周轉事項；
　　八、關於軍事方面之派遣聯絡事項；
　　九、關於技術方面之咨詢、譯述事項；
　　十、關於本署之會計、庶務及其他不屬於各司事項。
第十六條　製造司分事務、會計、考工、核料四科，掌左列事項：
　　一、關於各廠及材料保管處、庫之各種組織事項；
　　二、關於各廠及材料保管處、庫職員之任免、升補事項；
　　三、關於各廠勞工事項；
　　四、關於各廠所用護照、執照及運輸事項；
　　五、關於各廠及材料保管處庫製造費及經費之支配、預計算及財務之審
　　　　核及各廠會計制度之規定事項；

六、關於各廠作業計畫之擬具、工作之分配、成品與成本之稽核事項；

七、關於各廠機器之設備及房產之調查登記稽核事項；

八、關於各種圖樣公差詳表及其他標準規格等之整理、頒行及保管事項；

九、關於各廠材料之支配、統計、稽核及料庫管理方法之規定事項；

十、關於各廠工具之製造、統計、稽核及工具管理方法之規定事項；

十一、關於廢料、廢品之稽核及處理事項；

十二、關於新設置工廠之籌備及各廠新建設之指導、督促事項。

第十七條　技術司分理化研究、設計、教育三處及彈道、步兵器材、砲兵（要塞）器材、運輸器材、通信器材、特種兵器六科，掌左列事項：

一、關於兵器彈藥之制式劃一事項；

二、關於兵器彈藥及各種軍用器材之設計及改良事項；

三、關於各種兵器、彈藥、軍用器材、兵工原料材料之檢驗、審查、研究事項；

四、關於兵器彈藥使用保管之規定及說明書之編纂、譯述事項；

五、關於兵工技術人才之養成及派員出國考察調查事項；

六、關於發明、改良兵器、彈藥、軍用器材案之審核事項。

第十八條　軍械司分檢驗、保管、出納三科，掌左列事項：

一、關於各軍械庫之組織事項；

二、關於各軍械庫職員之任免、升調事項；

三、關於各軍械庫預、計算之審核事項；

四、關於械彈及軍用器材之出納、保管、修理、調查、統計、審核、驗收、運輸事項；

五、關於軍械庫之建設整理事項；

六、關於械彈及軍用器材代金之核擬及代造、價發、損失賠償、緝獲俘獲、損壞消耗之審核處理事項；

七、關於軍械人員之訓練事項；

八、關於械彈及軍用器材之廢品處理事項；

九、關於軍火禁令及民間自衛兵器之取締事項；

十、關於編纂械彈及軍用器材之各種法規、歷史及統一名稱等事項。

資料來源：〈據軍政部呈送該部組織法草案暫准施行限制辦法案轉呈鑒核由〉，附件
二，〈軍政部組織法草案〉，〈國防部組織法令案（四）〉，《國府檔案》，國

史館藏，典藏號：001－012071－0317，入藏登錄號：001000001170A，1935
年 7 月 2 日，001012071317116a－001012071317118a。